Desde el taller

Editorial Gustavo Gili, SL

Rosselló, 87-89, 08029 Barcelona, España. Tel. (+34) 93 322 81 61
Valle del Bravo 21, 53050 Naucalpan, México. Tel. (+52) 55 55 60 60 11

Desde el taller

**Diálogo entre
Yves y John Berger
con Emmanuel Favre**

GG®

Título original: "De l'atelier. Dialogue entre Yves et John Berger par Emmanuel Favre" en *Le blaireau et le roi* publicado por Héros-Limite y Fondation Facim, 2010.

Traducción: Cristina Zelich
Fotografías: Daniel Michiels
Dibujos del libro: Yves Berger
Dibujo de las página 63: John Berger
Diseño de la cubierta: Toni Cabré/Editorial Gustavo Gili, SL

Printed in Spain
ISBN: 978-84-252-2748-6
Depósito legal: B. 4.385-2015
Impresión: agpograf impressors, Barcelona

Índice

6——59
Conversación del 27-28 de febrero de 2008
en Quincy (Alta Saboya)

60——112
Conversación del 23-24 de diciembre de 2008
en Quincy (Alta Saboya)

27-28 de febrero de 2008

La primera vez que visité la casa de John Berger, me sorprendió una anécdota. Empezábamos a conocernos delante de una taza de café cuando John me enseñó una fotografía de Juliette Binoche que acababa de recortar de Le Monde. *Cabello liso, rostro sereno... La actriz, que encarnaba a María Magdalena en la pantalla, indudablemente parecía estar en estado de gracia.*

Un poco más tarde, a punto de terminar la entrevista por la que me encontraba allí, John me propuso visitar el taller de su hijo. No sabía que, aquella misma mañana, Yves había recortado la misma foto y la había colgado en la pared. Nos reímos de esa extraña coincidencia. Sin embargo, tras la risa de John, percibí mucha emoción... Tuve ganas de saber qué otras imágenes les unían. Me sentí un testigo privilegiado, no un entrevistador. Un espectador más que un interrogador.

EMMANUEL FAVRE: Para empezar nuestra conversación, me gustaría preguntaros qué papel desempeña el pueblo de Quincy en vuestras vidas. ¿Qué influencia ejerce?

JOHN BERGER: Ante todo, es importante señalar que no mantenemos la misma relación con este lugar. Yves nació a pocos cientos de metros de aquí y siempre ha vivido en este lugar, mientras que yo llegué a esta región con cincuenta años. Es una diferencia fundamental, aunque no sepa muy bien cómo definirla.

YVES BERGER: Quizás esta diferencia tenga relación con la infancia. Pasé toda mi niñez en este pueblo, mejor dicho, en este pequeño valle. El mundo me parecía inmenso, aunque se detuviera en la cima de las montañas que me rodeaban. Sin darme cuenta, percibía la relación que une lo local y lo global. Aun sabiendo que el mundo se extiende más allá de estas montañas, mi pequeña exploración sigue desarrollándose en este reducido perímetro. Quizá sea la idea de una mónada; una parte ínfima del mundo que contiene la totalidad del mismo.

JB: Cuando se habla del lugar, se piensa instintivamente en un sitio. Sin embargo, me pregunto si el lugar no es, ante todo, una parte del cuerpo. Y me gusta sobre todo debatir esta idea aquí, en tu taller, ya que esa relación entre el lugar y el cuerpo me parece que está muy presente en tu imaginario de pintor... Esta noción del lugar, muy específica, sin duda tiene algo que ver con el tacto y, su origen procede, sin duda, del vientre de la madre, es decir, del primer cuerpo que está ahí y representa el centro del mundo.

YB: En efecto, esta correlación entre cuerpo y lugar está muy presente en mi pintura. Sin embargo, no depende tanto de mi imaginario como de la propia vida. El cuerpo que se extiende o se prolonga en el lugar es para mí algo típico del trabajo de los agricultores. Sus cuerpos, marcados y estigmatizados por la carga del trabajo, se parecen al lugar en el que esas cargas de trabajo se han ido acumulando a lo largo de los años. Por poner un ejemplo, Louis, el campesino con el que trabajo a diario, tiene joroba de tanto agacharse para ordeñar las vacas. Pues bien, si dibujamos la curva de su espalda, nos damos cuenta de que no solo la línea trazada se asemeja a la del lomo de las vacas, sino que además su naturaleza es la misma que la curva de las montañas. Estas comparaciones entre el cuerpo y el espacio son infinitas. Lo que las distingue son los límites.

JB: ¿Qué significa para ti la palabra *límite*?

YB: Los límites distinguen el interior del exterior, lo que no puede cruzarse. La piel, por ejemplo. Al mismo tiempo, estos límites siempre dejan pasar algo; la piel deja pasar el sudor... Lo que resulta fascinante en la relación entre el cuerpo y el lugar es precisamente lo que se produce desde el punto de vista de los límites, lo que los atraviesa y lo que queda al margen. Este espacio intermedio es muy misterioso.

JB: Cuando una superficie toca otra superficie, también podemos hablar de proximidad o intimidad. Es una paradoja, ya que los límites sugieren la idea de frontera. Ahora bien, sin frontera, la proximidad y la intimidad no pueden existir.

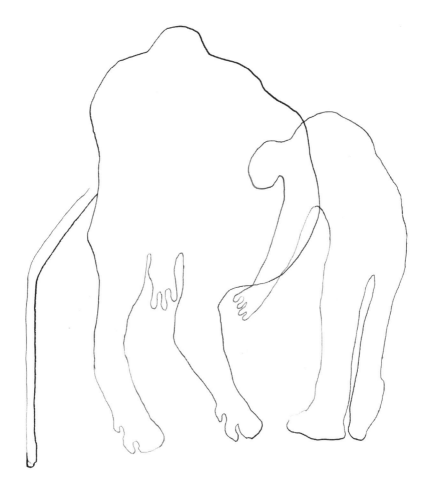

EF: En un texto titulado "L'exil",[1] señalas que, originariamente, el hogar encarnaba el centro del mundo, no en sentido geográfico, sino existencial. Sobre todo te refieres a Mircea Eliade, que considera que el hogar se estableció "en el corazón de lo real". ¿Quincy puede servir de referencia en un mundo cada vez más globalizado e irreal?

YB: A partir del momento en que el pueblo constituye un hogar, podemos considerar que el mundo, en sus diferentes formas, pasa por este hogar. Lo preocupante es que algunas de esas formas son precisamente irreales, no se pueden medir en los términos establecidos por la realidad vivida aquí, en el hogar. A diario, las personas constatan esta irrealidad que penetra en su hogar. Sufren continuamente por ello y se quejan. Al mismo tiempo, ellos mismos son actores de dicha irrealidad. Todos somos actores del mundo. A veces, al comprobar lo que el mundo aporta, transforma o hace desaparecer, se muestran resentidos o inquietos. Cuando miran a través de la ventana del hogar, sienten temor. Sin embargo, desean que aparezca algo que están esperando. Es chocante ver hasta qué punto se parecen sus miedos y lo que esperan, aunque se expresen con diferentes palabras y sensibilidades.

JB: No creo que esto se pueda reducir a un único pueblo. Por supuesto, este pueblo es bastante especial, "retrógrado" en el sentido de que su herencia campesina todavía se

---

[1] Artículo publicado en la revista *Lettre internationale*, primavera de 1985.

puede palpar. Sin embargo, esa mirada a través de la ventana para ver lo que puede ser bienvenido o lo que, por el contrario, puede suponer una amenaza, también la encontramos en las grandes ciudades... Para el sociólogo Zygmunt Bauman, que ha escrito mucho sobre la globalización y sus consecuencias, quienes gobiernan el mundo o encarnan la fuerza del mercado —único valor importante para ellos— son "extraterritoriales": su campo de acción está en todas partes y en ninguna a la vez, rehúsan cualquier dimensión local y adaptan su forma de vivir a dicha "extraterritorialidad". Al estar permanentemente de viaje, ya no pertenecen a un lugar concreto. Pasan de un sitio a otro, siempre rodeados del mismo lujo. Y esta clase extraterritorial excluye a las personas que la sirven, pues ellas son territoriales...

Podemos considerar que la fuerza de resistir a este desarrollo catastrófico para el planeta y para la mayoría de sus habitantes se encuentra en el interior de estos territorios; en aquello que ignora el poder y decide el destino del mundo. Volviendo a Quincy y al tema del hogar, creo que las dimensiones se han agrandado si lo comparamos con el inicio de nuestra conversación.

YB: El territorio permite materializar esta necesidad de resistencia que sienten muchas personas. Esto me hace pensar en Stéphane, uno de nuestros amigos. Cuando sale de trabajar, suele acudir al huerto de su abuelo para podar los árboles o plantar nuevos ejemplares y sustituir los que están enfermos. También recoge los frutos para hacer zumo de manzana o aguardiente. Este acto puede parecer irrisorio, pero para él tiene una importancia capital.

Además, considera que el día que se dedica a destilar es el más hermoso del año. Evidentemente, si este acto insignificante da tanto sentido a su vida es porque se inscribe en el territorio.

EF: Sin duda, si se manifiesta a través de los árboles, no es un acto anodino.

YB: En efecto, esto modifica la relación con el tiempo. El cuidado de este huerto es para él como un paréntesis. El tiempo adquiere otra dimensión. Se conjugan el pasado de su abuelo y el porvenir de sus nietos. Es un respiro que el mundo no le concede en tiempo normal.

JB: Esta observación es muy importante. No debemos imaginarnos que Stéphane va al huerto de su abuelo por nostalgia. Como acabas de señalar, se trata de una forma de hacer frente al porvenir y de respirar en el día a día.

YB: Es cierto que parte de las conversaciones que se escuchan en el pueblo ceden a la nostalgia. Sin embargo, tras ellas hay que captar la legitimidad de la queja. Esta queja no tiene nada que ver con las falsas imágenes que podamos hacernos del pasado, con la queja recurrente de "lo de antes era mejor". Únicamente cuestiona la importancia de todo esto, se pregunta adónde nos puede conducir.

EF: Si os parece bien, volvamos al inicio de nuestra conversación, a ese matiz sobre la pertenencia al lugar. (*Dirigiéndose a John*) En distintos medios, muestras hasta qué punto la emigración se ha convertido en un fenómeno fundamental de nuestra época. Aquí, en Quincy, sigues siendo un inmigrante. ¿Qué consideración te merece esta "experiencia"?

JB: Ante todo, hay que recordar que, en la actualidad, la emigración casi siempre es algo impuesto. En primer lugar, es una cuestión de supervivencia ante una situación económica o amenazas políticas. Mi elección, en cambio, fue la de un hombre libre y extremadamente privilegiado. Por eso prefiero el estatuto de extranjero al de inmigrante... Debido también a mi historia familiar, hasta que no llegué aquí jamás me había sentido en casa... Por otra parte, tampoco había pensado en ello hasta hoy, sin embargo, el hecho de considerar el lugar como una parte del cuerpo es algo muy autobiográfico. A menudo los "hogares" de mi vida han sido los cuerpos de los demás, así como también, probablemente, mi propio cuerpo.

YB: Esta sensación de "extrañeza" quizá se debiera a que te sentías extranjero en tu propio cuerpo. Quizás era necesario que aceptaras la idea de "habitar" este cuerpo para empezar a sentirte en casa.

JB: Así es. Sin duda, tiene algo que ver con la poesía, aunque no sepa qué.

YB: La mirada de los demás es igual de importante. La que el pueblo te dirige ha evolucionado con el paso del tiempo. Por otra parte, solo el tiempo permite la integración, utilizando una palabra que deberíamos eliminar de nuestro vocabulario. Al envejecer en este lugar, te conviertes en miembro de pleno derecho de la comunidad.

EF: ¿No será más bien que, a los ojos de todos, eres hijo de esta tierra? A John ya no se le considera un extraño, sino el padre de un hijo de esta tierra. Imagino que durante mucho tiempo se te consideró el hijo del "inglés".

JB: Yo iría más lejos aún. La forma de considerarnos ha cambiado desde que tú también eres padre de un niño. Las personas no perciben del mismo modo a una familia de tres generaciones... Cuando empecé a escribir sobre mi viaje a Chiapas, recordé a una mujer que conocí en un pueblo de montaña. Me dije entonces que hubiera podido encontrarla en un pueblo de los Alpes, que la vejez quizá nos conducía a todos al mismo pueblo...

Sin embargo, me gustaría volver sobre un aspecto antes de seguir. Para evocar el caos o el nuevo orden mundial, los tres hemos utilizado la palabra irreal. Sin embargo, este *irreal* existe de verdad. Calificamos de *irreal* algo existente que no tiene raíces ni durabilidad... Esta ausencia de durabilidad nos reenvía a los árboles. No es casualidad que, en distintas culturas, los árboles simbolicen la sabiduría y marquen la realidad. Su vida es mucho más larga que la nuestra; sus raíces, mucho más profundas. Además, pueden crecer y alcanzar una gran altura en busca de la luz. Lo irreal se define también por la incapacidad de elevarse hacia la luz o de descender hasta lo más profundo.

YB: Es cuando los árboles crecen horizontalmente. (*Risas*)

EF: Si existe un lugar en el que la búsqueda de la luz es esencial, es en el taller. Como nuestra conversación tiene lugar en el taller de un pintor, esta dimensión adquiere un sabor particular... (*Dirigiéndose a John*) En "Charla en el estudio", uno de los textos que componen *El tamaño de una bolsa*,[2] señalas que el lugar puede ser cualquier cosa menos un lugar vacío. Es un lugar de situación, el lugar en el que se producirá un acontecimiento.

YB: En una carta dirigida a Léon Kossof, comparas el taller con un estómago. Esta imagen me gusta muchísimo. En algunos talleres —por ejemplo, en el de Kossof, donde pintó durante toda su vida—, todo, incluso las paredes y el suelo, tiene la textura de un estómago. Por supuesto, se puede tener un taller muy limpio, pero esta imagen del estómago, de un lugar en el que entran y salen las cosas, me parece muy apropiada. El que habita el taller se parece a los distintos ácidos que hay en el estómago y nos permiten digerir. Colabora con el proceso que hará que las cosas salgan.

JB: Si nos referimos a esta imagen, conviene recordar que, en las mejores circunstancias, el proceso es a la inversa. Lo que entra es mierda, y lo que sale es una ofrenda.

YB: ¡Eso es lo que la cultura quiere que creamos! (*Risas*) Hay que señalar que el taller en el que nos encontramos se halla en un antiguo granero. Así que, en principio, era un lugar parecido a un estómago. En la parte alta, bajo el tejado, se almacenaban las cosechas, hasta que poco a poco se

---

[2] Berger, John, *El tamaño de una bolsa*, Taurus, Madrid, 2004, pág. 35.

bajaban al establo, donde las vacas las digerían y después, de nuevo, volvían a esparcirse en los campos en forma de estiércol.

JB: Por cierto, olvidas que las vacas también producen leche... La mayoría de los talleres, y también es el caso de este, están llenos de imágenes. Las del pintor o escultor presente, pero también imágenes del pasado. Como si toda el alma del pasado, los artistas a los que está ligado, le acompañaran en la colosal soledad que a veces representa un taller.

YB: Alex, un amigo pintor, describe en un escueto texto cómo le visitan otros pintores y la actitud que adoptan en su taller. Incluso vemos a Matisse que se instala cómodamente en una butaca o a Picasso, que se apoya en la esquina de la mesa de forma un tanto desenvuelta. En cambio Bonnard, al que se siente muy cercano, se coloca a su espalda, como para animarlo... La soledad de la que hablas es una soledad infinitamente habitada. Sin embargo, no creo que se limite a algunos pintores ilustres. Quienes la frecuentan y la componen son, ante todo, personas anónimas.

JB: Tengo la sensación de que, después de nuestra estancia en Palestina, tú también recibías muchas visitas...

YB: Es cierto, recibí bastantes... Según Deleuze, lo más aterrador para un pintor no está tan relacionado con el lienzo virgen como con las imágenes del pasado. Debe combatir y romper los clichés para que pueda surgir algo nuevo más allá del cliché. En cierto modo, esas presencias también revisten esta forma. Son a la vez un apoyo y un adversario al que hay que vencer. El taller se considera un lugar en el que el artista lucha contra sí mismo. Sin embargo, en primer lugar, el artista lucha contra el mundo.

JB: He tenido la suerte de entrar en muchos talleres durante mi vida. A menudo eran caóticos. Parecía reinar en ellos el mayor de los desórdenes. Sin duda, esto se debe a ese dichoso campo de batalla.

YB: Sin duda, aunque existen muchos talleres extremadamente cuidados y ordenados. El desorden me parece más un reflejo del proceso que siempre pasa por fases de caos. Por cierto, Deleuze lo denomina el "caos-germen". En el caos se pierden los clichés, pero también todo lo relacionado con la voluntad. Y como resultado de esa pérdida, el germen puede empezar a desarrollarse. En el mejor de los casos, esos momentos de "soltar la presa" que atraviesan el caos permiten encontrar lo que se estaba buscando. Para ello, antes hemos tenido que deshacernos de la idea de encontrarlo o de buscarlo. Es como si, al apuntar hacia una meta, viéramos que no vamos a alcanzarla, que será necesario que nos desviemos para, finalmente, llegar a ella.

EF: Algunos artistas se muestran reticentes a que personas desconocidas entren en su taller. ¿Te sucede lo mismo? ¿Tu taller es un lugar estrictamente reservado para ti o es un lugar abierto, al que todo el mundo puede acceder?

YB: No me cuesta dejar abiertas las puertas de mi taller, aunque entiendo que pueda ser algo problemático. Por ejemplo, soy muy feliz cuando me visita alguien del pueblo. Aunque admito que no ocurre con frecuencia. En cada ocasión, leo en sus ojos una cierta sorpresa. Noto su turbación ante el caos que, en mi caso, se traduce en una importante cantidad de lienzos desperdigados por todas partes. De hecho, tengo por costumbre trabajar varios a la vez, iniciar muchos. Ante este muestrario, un día una persona me preguntó si no tenía miedo a dispersarme. Abordó, sin saberlo, un tema esencial. Sin duda, en mi trabajo existe la voluntad de dispersarme. Por supuesto, todo es cuestión de dosificación y límite. No hay que encontrar un equilibrio, sino un desequilibrio permanente en la forma de dispersarse o de controlar la dispersión. Aquel comentario me sorprendió porque suelo oscilar constantemente entre tener muchas cosas empezadas y no tener suficientes.

JB: A menudo Yves saca sus grandes lienzos del taller y los coloca en el puente de la granja para compartirlos con nosotros. La gente que pasa en coche en ese momento también puede verlos... Daría lo que fuera por saber qué representan esas imágenes para ellos. No en sentido figurativo, sino porque no es habitual encontrarse ante imágenes de ese tipo junto a una carretera... Este trayecto desde el taller hacia la carretera resume lo que ocurre cuando un cuadro abandona el taller para exponerse en cualquier lugar del mundo.

EF: Ahora me gustaría hablar del espacio dentro de la imagen. (*Dirigiéndose a John*) En "El pájaro blanco",[3] un ensayo dedicado al arte, dices que, a partir del momento en que un cuadro se dirige a los demás, en que se destina a ser visto, se concibe como una imagen enmarcada. De ahí esa imperiosa necesidad de composición. Si partimos del principio de que componer es disponer un interior, ¿cómo se puede atrapar el mundo exterior o, mejor dicho, contener su inmensidad?

YB: Es esencial que el pintor no se plantee este tipo de cuestiones. Esta es una de las confusiones que nacen fruto de la enseñanza que se imparte en muchas escuelas de bellas artes. A menudo, en ellas se habla de la manera de representar el mundo, del objetivo que hay que alcanzar. Este no puede ser el punto de partida de un trabajo. El punto de partida es mucho más amplio que ese conocimiento. Se encuentra en la ignorancia.

JB: La noción de marco de la imagen es reciente. Empezó en el Renacimiento y con la pintura holandesa del siglo XVI. Es relativamente nueva si tenemos en cuenta que la pintura nació hace 30.000 años. El marco se emparentaba entonces con el marco de una ventana a través de la cual se contemplaba un paisaje o una madona. Por lo tanto, podemos deducir que un cuadro es una ventana abierta al mundo, una forma de proyectarse hacia el exterior. Pero también

---

[3] Berger, John, "El pájaro blanco" en: *El sentido de la vista*, Alianza, Madrid, 2006.

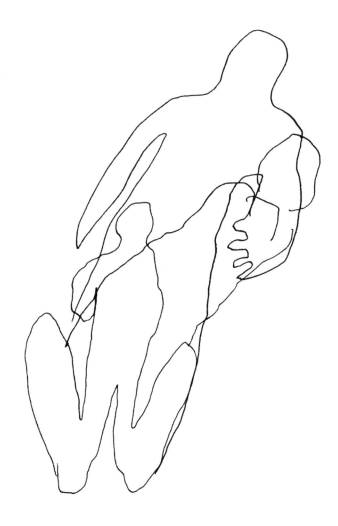

podemos ver en el marco el medio para penetrar en un cuadro y descubrir algo específico en él. El ejemplo más característico es el de los iconos. No entramos en ellos para viajar, sino para recibir algo.

YB: La ventana también es una forma de ilusión. Llevada al extremo, se convierte en un trampantojo. Se trata de utilizar artificios para hacer creer *en*.... En cambio, en el caso de los iconos, todo es en primer lugar una cuestión de presencia, de estar ahí. El artificio no se utiliza para crear una ilusión concreta, sino por lo que realmente es, un adorno. La naturaleza del icono consiste en ser lo que es y no en pretender ser otra cosa.

EF: Los bordes de una imagen pueden constituir una defensa contra lo que los rodea y ofrecer un refugio a lo que está pintado. ¿No es también una forma de hospitalidad hacia la persona que mira?

YB: Soy muy sensible a esta noción de hospitalidad. La necesidad de compartir un trabajo debe hacerse con la mayor hospitalidad posible, por la razón evidente de que siempre se busca suscitar un encuentro con el espectador. Contrariamente a lo que se cree, estos encuentros no son tan frecuentes. Y ello hace que sean tan valiosos. Cuando no se da el encuentro, las cosas se rozan, pero no se reconocen. En cambio, cuando se da, nos hallamos ante un reconocimiento compartido, aunque pueda parecer extraño que un cuadro reconozca a alguien. Así pues, la hospitalidad consiste en disponer las condiciones necesarias para ese encuentro. Ahí reside toda la idea del montaje de una exposición de pintura: no colocar la obra por encima del espectador, situarla a su nivel para crear una relación de confianza. No se puede ver una pintura si no se está dispuesto a creer en lo que vemos. Por este motivo los encuentros son tan escasos o se dan con dificultad. Se prefiere explicar a la gente lo que va a ver, en lugar de colocarla en la posición de creer en lo que ve por sí misma. Por eso las personas dicen que no saben nada de pintura o literatura. Se les sustrae esa parte de confianza previa a cualquier encuentro.

JB: Hace poco me escribió un editor estadounidense para decirme que estaba dispuesto a publicar mi última novela si le aseguraba que iría a Nueva York o a California para hablar de ella. Hizo hincapié en que solo la publicaría con esta condición. ¡Rechacé su oferta diciéndole que era como si estuviera exigiendo ver el billete de vuelta de un invitado antes de servirle la comida! Es algo contrario a la literatura o a cualquier otra forma de arte, es lo opuesto a la hospitalidad...

EF: Antes has utilizado la expresión "ninguna parte" para hablar de la pérdida de referencias geográficas debida a la globalización. En el artículo "Diez notas sobre 'el lugar'",[4] señalas que esa "ninguna parte" también genera una conciencia del tiempo extraña, ya que carece de precedente. Escribes:

---

[4] Publicado en el periódico *EL PAÍS*, 16 de julio de 2005.

"Un tiempo digital que avanza continuamente, día y noche, a través de las estaciones, el nacimiento y la muerte. Tan indiferente como el dinero. Pero que, a pesar de su continuidad, está solo. Es el tiempo del presente, separado del pasado y el futuro. En él solo importa el momento actual, los otros carecen de gravedad. El tiempo ya no es una columnata entera, sino una columna de unos y ceros. Un tiempo vertical al que no rodea nada, salvo la ausencia".

¿Cómo hacer para situarse en este presente aislado, en este tiempo digital que ya no se inscribe en el tiempo y parece querer erradicar la historia, borrar cualquier noción de perspectiva?

JB: El lugar y el tiempo son dos entidades inseparables. La pintura, las imágenes pintadas, son una respuesta al tiempo lineal o digital. Esta respuesta es el fundamento del acto de pintar. En otras palabras, podemos decir que es la presencia de una ausencia, la representación de lo que el mundo esconde, de lo que evoluciona con el tiempo, no obstante siempre está ahí y no cambia: un paisaje del siglo XVI o una simple mancha.

EF: Esto nos devuelve a la hospitalidad.

JB: Es cierto. Una antigua costumbre rusa hacía que siempre hubiera un plato de más para el ausente, por si se presentaba.

YB: Yo diría que la pintura corta el tiempo de forma oblicua. El paisaje o la mancha se encuentran en un punto muy preciso en el momento en el que se pintan. Con el paso del tiempo, se moverán de un lugar a otro. Estarán aquí, después allí y también allá... El tiempo está atravesado por este "y" que incluye el presente. Otros gestos pueden inscribirse en esta relación con el tiempo, en esta travesía. Recuerdo un día en que Patrick, uno de nuestros vecinos, estaba sembrando su campo. Al observar desde el taller cómo lanzaba sus puñados de semillas de la forma más amplia y regular posible, no pude evitar pensar que ese gesto nos remitía a todos los actos de siembra habidos a lo largo del tiempo. Y en todos ellos se sobreentendía esta cuestión del "y": y ahora... Me costó muchísimo alejarme de aquella escena, dejar de observarla, ya que me parecía evidente la semejanza entre lo que sucedía fuera y dentro del taller.

EF: ¿El lugar nos ayuda a aprehender mejor el instante presente?

YB: Creo que aquí, de nuevo, esto tiene que ver más con la idea de paréntesis que con el lugar propiamente dicho. En aquellos lugares en los que son posibles los paréntesis se instaura una relación distinta con el tiempo. Los jóvenes amantes, que juntos forman un paréntesis, se encuentran claramente en otro tiempo.

JB: El tiempo es un concepto relativamente abstracto. Por otra parte, no hay que hablar de tiempo, sino de una infinidad de tiempos que coexisten y pueden verse por separado. Por ejemplo, tenemos el tiempo geológico. Tus recientes dibujos del acantilado que domina la carretera siguen las huellas de ese tiempo geológico. Si dibujas mi retrato, sin duda distinguirás huellas parecidas. Sin embargo, no corresponden a un tiempo geológico, sino a la corta duración de una vida humana...

Hasta el siglo xviii, la escala temporal se limitaba a algunos miles de años. En un lapso de tiempo tan corto, era natural imaginar y pensar en lo que estaba fuera del tiempo. Con los descubrimientos del siglo xix —cuya culminación fue la teoría de la evolución de Darwin—, el tiempo se vuelve inmenso y, repentinamente, empieza a medirse en millones de años. El lugar para lo que estaba fuera del tiempo se ensombreció. No obstante, las personas siempre han tenido la necesidad de sentir eso que calificamos de eterno. Toda la relación con lo "ético", no digamos ya con la estética o lo religioso, depende de esto. Si evocamos a los muertos, ahí están, pero fuera del tiempo. Es posible representar toda la conciencia humana del tiempo, de la duración, por medio de una especie de trama en la que la conciencia de la continuidad se entrelaza con la conciencia de lo que está fuera del tiempo. Este entrelazado es la conciencia de nosotros mismos, de nuestras decisiones, de nuestra imaginación.

YB: Me pregunto si la dificultad para hablar del tiempo no nace precisamente de este "fuera". Al contrario de nosotros, los muertos quizá tengan la posibilidad de recorrer el tiempo porque se hallan fuera de él...

EF: (*Dirigiéndose a John*) Sé de tu sensibilidad hacia los retratos de Fayum, esos retratos de momias que nos llegan del Egipto romano.[5] Dos de esos retratos son el punto de partida de tu próximo libro *De A para X: una historia en cartas*.[6] En la carta a Léon Kossof que Yves ha mencionado dices lo chocante que te resulta su "estar ahí". ¿Cómo pueden ser contemporáneos nuestros estos retratos pintados hace 2.000 años que forman parte de un rito funerario?

YB: A modo de respuesta, propondría la idea del pliegue. De la misma manera que los estratos geológicos de un acantilado se pliegan unos sobre otros, dos puntos muy alejados de una línea pueden hallarse uno junto a otro en el pliegue. La presencia de los retratos de Fayum puede explicarse por ese pliegue provocado por la pintura. La persona que posaba hace dos mil años y la que la observa hoy en día tienen la misma conciencia del tiempo... Esto remite al pasaje de *De A para X* en el que los prisioneros deciden compartir un lienzo, pasándoselo de una celda a otra. El que lo tiene, lo despliega, lo cuelga en la pared y convive con él durante un día. Al día siguiente, lo descuelga, lo pliega, se lo guarda en el bolsillo para dárselo a otro

---

[5] Los retratos coptos de Fayum, región próxima a El Cairo recorrida por el Nilo antes de que este desemboque en el Mediterráneo, datan de los siglos I a IV d.C. Fueron pintados por artistas griegos establecidos en Egipto, entonces bajo la dominación romana. Estas efigies representan a hombres, mujeres y niños miembros de las clases burguesas (mercaderes, militares, maestros, sacerdotes). Están pintados sobre tablas de madera o lienzos de lino, que luego se insertaban en las tiras de tela que rodeaban el rostro de la momia cuando era embalsamada.

[6] Berger, John, *De A para X: una historia en cartas*, Alfaguara, Madrid, 2009.

prisionero que, a su vez, lo despliega y lo expone en su celda... El pliegue posibilita una forma de continuidad. Demuestra que no es contradictorio hacer algo que ya se ha hecho.

JB: A veces volvemos a ver el mismo cuadro pero, pasados varios años, descubrimos en él nuevos matices. Esto, por supuesto, se debe a nuestra evolución, pero también a la evolución del mundo. Las imágenes están en cambio constante.

YB: Esto tiene que ver con lo que decías sobre Caravaggio. Te sorprendía la forma en que se le redescubre en la actualidad.

JB: Así es. Cuando era estudiante de arte, estaba bien visto considerarlo un maestro menor. Todo lo contrario de lo que ocurre hoy en día.

EF: Ese lienzo que circula ofrece a cada prisionero la posibilidad de evadirse del tiempo de la prisión... El tiempo de la poesía se ajusta perfectamente a esa libertad de viajar en el tiempo.

JB: Tienes razón. Cuando se escribe un poema, podemos realizar grandes saltos en el tiempo entre dos versos. En la prosa también, pero parece más elaborado. La poesía lo permite casi de forma natural. A veces varios vaivenes en el tiempo pueden surgir en el seno de la misma frase. La pintura no permite hacer esto. Todo está ahí al mismo tiempo.

YB: A pesar de todo, el objetivo es el mismo: suscitar una cierta poesía. Las cosas son, creo, más claras si evocamos la figura del poeta. La figura del poeta es para mí también la del pintor, la del poeta o la del campesino que siembra su campo. Es posible aplicarla a muchas prácticas. También se halla atrapada en ese intervalo, en esa paradoja que supone tener un pie en el presente y otro fuera del tiempo. En cierta medida, es como aquel que avanza sobre un hilo sin poder alcanzar el punto opuesto. Por este motivo, los poemas suelen ser gritos. Proceden de este distanciamiento entre dos situaciones irreconciliables pero vividas, de esta relación de proximidad y de enorme distancia.

JB: La pintura, incluso en su aspecto más trágico, cuando está impregnada de dolor como sucede en esta *Crucifixión* de Grünewald que tenemos delante, es un reconocimiento de lo visible tal como es y se nos ofrece (un cuerpo humano, una flor, un animal, una mano...). En algún punto, es una celebración de la vida, una invitación a compartir su milagro. La poesía está más relacionada con la piedad o el dolor compartido.

YB: Esta distinción quizá tenga su origen en la materia. La pintura está hecha de materia, en cambio la poesía es inmaterial. Podemos llevar esto a la práctica. Trabajar con la materia, amasarla, produce placer, goce. Muchas veces me has dicho que, cuando abandonaste la pintura por la escritura, fue en detrimento de ese placer, de esa alegría que te proporcionaba trabajar la materia. La urgencia de decir era tan fuerte que acabó por someter el deseo de pintar. Pero, en cierto modo, tuviste que ir hacia una aridez.

Donde acaba el lenguaje empieza, no lo indecible, sino la materia de la palabra. Quien nunca ha alcanzado, como en un sueño, esta lignaria sustancia de la lengua, a la que los antiguos llamaban *selva*, es, aunque calle, prisionero de las representaciones.

Giorgio Agamben[7]

JB: Hay otra diferencia que me parece muy importante. Cuando pronunciamos la palabra *imagen*, en primer lugar pensamos en la imagen pictórica. Sin embargo, también hay que pensar en la imagen poética, es decir, en la metáfora. La función primera de una metáfora es restablecer lazos de unión entre cosas dispersas, reunir las fuerzas o las luchas de la vida que están desjuntadas. La poesía se centra sobre todo en las separaciones. La pintura no es un arte de la separación. Es el arte de poner, una junto a otra, cosas que no suelen coincidir en la vida.

EF: Me gustaría que me comentaras el trabajo de Daniel Michiels. En mi opinión, se trata de un trabajo que se sitúa en el pliegue, próximo a los retratos de Fayum, como si se hubieran pasado el testigo.

YB: Este proyecto también tiene relación con la infancia. No sé realmente qué significa. Sin duda, en él está la idea de un mundo perdido. Mi encuentro con Daniel y su forma de trabajar posibilitó lo que en principio parecía un sueño infantil. Queríamos hacer el retrato de las gentes del pueblo, a las que el trabajo del tiempo vuelve hermosas, en mi

---

[7] Agamben, Giorgio, *Idea de la prosa*, Ediciones Península, Barcelona, 1989, pág. 19.

opinión. Por supuesto, cada cual era libre de negarse o aceptar. Asimismo, cada persona podía ser fotografiada sola, con su pareja o en familia. Recientemente, alguien me hizo ver que la mayoría de las personas que aparecen en las fotografías parecen estar mirando algo que se va o que está desapareciendo. Esta observación me sorprendió, ya que cuando Daniel y yo concebimos este proyecto, pensamos titularlo "Si no vuelves, te haré una foto".

JB: Lo que me impresiona de este trabajo no son las fotos en sí mismas sino la fortísima presencia de los personajes. Daniel consigue imponer esta presencia con gran economía de medios y sin esteticismo aparente. De nuevo, se trata de una cuestión de reconocimiento. La presencia implica el reconocimiento del que se halla al otro lado del objetivo. Por este motivo, el conjunto de los habitantes se prestó tan fácilmente a tomar parte en el juego. Aunque muchos detestan que los fotografíen, el hecho de que Yves estuviera detrás del proyecto, así como el comportamiento de Daniel, les dio confianza. Todos comprendieron que en ello había una forma de reconocimiento.

YB: Este aspecto era, en efecto, esencial. Daniel utiliza la palabra *respeto*.

EF: Ese respeto era inducido por el hecho de querer estar lo más cerca del sujeto para no traicionarlo o para no caer en el esteticismo, intentando al mismo tiempo mantenerse alejado de él para no caer en la "foto de familia", y así ampliar el campo. En el caso de Daniel, lo interesante es que nos devuelve al extranjero, al que no pertenece a la comunidad.

YB: Algunos incluso lo consideran una especie de intruso. El hecho de que yo le acompañe facilita el contacto, ayuda a abrir puertas. A pesar de todo, siempre subsiste una mezcla de curiosidad e inquietud frente a este hombre y su cámara fotográfica. Por otro lado, esto es lo que autoriza este escrutinio, esta forma de poner al desnudo a las personas. Daniel posee esa increíble capacidad de captarlo todo muy rápido, de decidirse velozmente. En cuanto se empieza a dudar, todo se complica. La gente quiere ir a un lugar determinado, proponen apartar un mueble. Hay que actuar de forma instintiva. Por otra parte, Daniel no da instrucción alguna. Simplemente les dice a las personas dónde deben colocarse.

JB: Sin embargo, la elección del lugar es primordial. Concede el espacio necesario al aura del sujeto…

EF: ¿Cómo reaccionan las personas al ver las fotografías?

YB: Todos coinciden en que son muy bellas, aunque cada uno encuentre cierta dificultad para aceptar su propia imagen. Les recuerdan a las fotos antiguas, de otra época. En esto también podemos ver cierta forma de nostalgia: muchas personas asocian la belleza con lo que procede del pasado. Es algo así como si contemplaran su imagen desde un después, desde el futuro. Como si se proyectaran hasta después de su muerte.

JB: De nuevo volvemos a los retratos de Fayum. Las personas posaban para los pintores conscientemente, con la finalidad de tener una imagen de sí mismas después de su muerte…

Esta idea del retrato [*portrait*] se acerca bastante a la del acto de llevar [*porter*], aunque no estoy seguro de que, etimológicamente, tengan algo que ver.

A través del retrato, se lleva una presencia a otro lugar temporal. Creo que este es uno de los puntos esenciales de vuestro trabajo. El extranjero puede ser también un buhonero [*colporteur*].

YB: En efecto, estas fotografías llevan algo inmaterial, sin que sepamos exactamente dónde está. El lugar de dicha inmaterialidad, de esa aura de la que hablabas, no está aparentemente en la fotografía, sino más allá.

EF: Según Paul Klee, el arte no representa lo visible. Lo hace visible.

JB: Esto cierra estupendamente todo lo que acabamos de decir.

EF: Esta reflexión de Klee sobre lo visible me recuerda al texto que le has dedicado a Yves, *Algunos pasos hacia una pequeña teoría de lo visible*. En él te refieres al comentario que Simone Weil dedicó al primer versículo del Padrenuestro: "Nuestro deseo cruza aquí el tiempo para encontrar tras él la eternidad, y esto ocurre siempre que sabemos convertir lo que sucede, sea lo que fuere, en un objeto de deseo".[8] Si es necesario atravesar el tiempo para

---

[8] Berger, John, *Algunos pasos hacia una pequeña teoría de lo visible*, Árdora, Madrid, 1997, pág. 35.

encontrar la eternidad, ¿podemos concluir de forma platónica que la verdad se sitúa detrás de las apariencias?

JB: Es lo que imaginamos debido a ese abrirse paso a través del tiempo. Sin embargo, hacer un agujero en lo visible es, ante todo, una manera de entrar en él. La verdad no se halla detrás de lo visible, sino en su interior, en su espesor. Por otra parte, podemos definir la materialidad diciendo que es aquello que permite ir del macrocosmos al microcosmos, que permite recorrer una distancia casi infinita. Si consideramos que la verdad no está dentro, sino detrás, significa que se halla en la nada. Es lo opuesto al argumento de Simone Weil.

EF: También en *Algunos pasos…* dices que pintar es una afirmación de lo existente, "del mundo físico en el que la humanidad está relegada". Tengo la sensación de que lo existente acaba siempre por adoptar el aspecto de un rostro, de que un pintor intenta captar un rostro tras cualquier objeto.

YB: Así es. Por regla general, es difícil saber cuándo un lienzo está terminado. Para mí, lo está cuando empieza a mirarme, cuando empiezo a notar la presencia de un rostro que me observa. Y tienes razón, es algo que se puede sentir en presencia del rostro de una persona, pero también delante de una flor, una montaña o un cuadro de Rothko.

JB: Cuando visité la cueva de Chauvet, me quedé estupefacto al constatar cómo parecen mirarnos las rocas sobre las que están representados los bisontes o los osos.

YB: Cuando volviste, estabas convencido de que el artista que había trabajado en la cueva de Chauvet tenía que haber visto surgir aquellos animales de las rocas antes de dibujarlos. Algo así como si hubiera extraído de la roca esa mirada que sigue observándonos.

JB: ¿No tienes la sensación de buscar siempre una mirada cuando empiezas un cuadro? ¿Incluso sin saber muy bien cuál o sin estar seguro de reconocerla?

YB: Sí. Pero hay que actuar como lo hacen los campesinos cuando una vaca está a punto de dar a luz. Antes de tirar del ternero para que pueda pasar la cabeza y abrir los ojos, a veces es necesario meter la mano en la vaca y buscar en el interior. En pintura, es frecuente tener que meter la mano dentro durante un buen rato para sentir cómo se presentan las cosas.

EF: Sucede lo mismo cuando se escribe. (*Dirigiéndose a John*) No has contestado a Yves cuando mencionó tu paso de la pintura a la escritura, preguntándose si ese paso había supuesto cierto sacrificio.

YB: Yo también quería volver sobre esto. Tengo la impresión de que, en un momento dado, quisiste romper con la pintura, manteniendo una cierta continuidad. Quizás esta continuidad esté en la forma en que recibes y das vida a las imágenes.

EF: Además afirmas no poseer inteligencia verbal, diciendo que tu única inteligencia es la de la mirada.

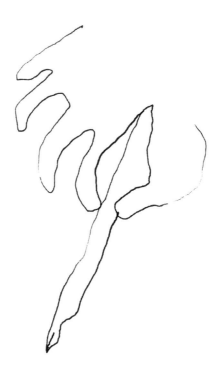

JB: En efecto, antes de escribir tengo que ver, visualizar. Se trata de un mecanismo que me cuesta delimitar. Por supuesto, mi formación de pintor tiene algo que ver en ello, aunque estoy convencido de que muchos escritores funcionan del mismo modo... Un ejemplo, creo, lo ilustra bastante bien.

Hace poco participé en una película dedicada a una figura local de la resistencia. A nivel personal, este héroe, Walter, es en cierto modo mi gemelo: nacimos el mismo día del mismo año. Se trataba de rehacer su recorrido, de preguntarle sobre su compromiso. Además, teníamos la idea de que nuestro diálogo terminara con el retrato que yo le haría. Las circunstancias no eran las más adecuadas: ambos estábamos cansados, los técnicos se movían a nuestro alrededor. Aun así, me puse manos a la obra. De repente comprendí que el dibujo que intentaba hacer con tanto esfuerzo estaba ahí, que durante toda nuestra conversación no había dejado de mirarlo, de buscar el sentido de lo que quería decir, como si ya estuviera dibujándolo.

YB: Tendemos a creer que todo se realiza únicamente en el momento del acto. Sin embargo, sigue germinando, desarrollándose, incluso cuando no hacemos nada, por ejemplo, durante las fases del sueño —de ahí quizás el origen de la expresión "la noche es buena consejera". Con frecuencia, un lienzo nos parece mucho más claro tras haberlo dejado de lado durante un tiempo. Pienso que esto es todavía más evidente si retomamos la figura del poeta. La escritura es, sin duda, lo último que constituye el trabajo de un poeta. El poeta es, ante todo, un caminante, alguien cuyo trabajo consiste más en vivir que en manejar las palabras. Todo lo que está englobado en un poema proviene de ese caminar, de esa marcha. Y ha caminado por caminar. No ha caminado con el objetivo de llegar al poema. Muchos poemas son elegías fruto del dolor de vivir. ¿Es posible imaginar por un instante que ha habido una voluntad de dolor para escribir un gran poema? Sería absurdo.

En cuanto al rostro, creo que el rostro es a la pintura como la voz a la escritura. Tú mismo sueles decir que hay que encontrar la voz antes de empezar a escribir.

JB: Es cierto. Pero más que el rostro, yo diría que el equivalente de la voz es el punto de vista, es decir, el lugar en el que el pintor y el espectador se sitúan en relación con lo que hay en el lienzo. Para un retrato, esto es algo bastante inmediato y muy consciente. El pintor decide dónde y cómo colocar el rostro, a qué distancia, bajo qué ángulo... Sin embargo, en el caso de un cuadro más complicado, no es algo que realmente se decida. Se descubre poco a poco, después de mucho trabajo, cambios y renuncias. Resuelta la cuestión del punto de vista, se podría decir que el cuadro está acabado. Ocurre lo mismo con la voz, una vez encontrada, la historia casi está terminada.

YB: Me parece que el paralelismo entre la voz y el punto de vista es, en efecto, más preciso y concreto. Es más fácil comprender de qué se trata cuando nos referimos al rostro. El punto en común es quizá que en el momento en que empezamos a percibir dónde está el lugar, los elementos del lienzo aparecen con la verosimilitud de un rostro...

JB: Creo que la voz también está profundamente ligada a la lengua materna. La lengua materna no solo es importante como figura, como cuerpo, sino que además contiene todas las lenguas... El sonido de la lengua materna es una cacofonía total. Pero si se consigue ensamblar algunas palabras, la cacofonía se convierte en una voz. Lo único que hay que hacer es intentar que esa voz sea apropiada, que se corresponda con nuestro propósito. De lo contrario, es indispensable volver a la cacofonía y buscar de nuevo.

Conociendo la gran admiración que tanto John como Yves profesan al escritor ruso Andrei Platónov,[9] les propongo traer a colación la voz de este "ingeniero del alma"[10] en nuestra conversación.

EF: (*Dirigiéndose a John*) En otra entrevista me confesaste que la verdad en literatura residía, en tu opinión, en la capacidad de revelar aquello que necesitamos. En aquella ocasión hiciste hincapié en la importancia de un escritor como Platónov. ¿Por qué es tan importante? ¿Por qué tiene tanto valor?

---

[9] Actualmente reconocido como un grandioso escritor, uno de los más importantes del siglo XX, Andrei Platónov, nacido en 1899, fue tratado como un paria durante su vida, condenado al olvido por el régimen de Stalin y la censura (*Chevengur*, su gran novela terminada en 1929, fue íntegramente publicada por primera vez en 1988 en Rusia). Visionario y libre pensador, creó una lengua totalmente aparte. Murió en la miseria en 1951, destrozado por el alcohol y la tuberculosis.

[10] La expresión "ingenieros del alma" fue utilizada por primera vez en 1932 por Stalin para referirse a los escritores soviéticos que, junto con los verdaderos ingenieros, tenían que contribuir a la renovación del país y proclamar el ideal comunista (*cf.* el estupendo libro de Frank Westerman, *Ingenieros del alma*, Siruela, Madrid, 2005).

YB: Por paradójico que pueda parecer, yo contestaría que esa capacidad para revelar aquello que necesitamos y ponerlo en valor, su increíble agudeza, son fruto de su ignorancia relativa.

JB: Más que de su ignorancia, yo diría de su falta de soluciones. Platónov forma parte de aquellos escritores que plantean preguntas sin sentirse cohibidos por el hecho de no poder aportar respuestas. Entre paréntesis, se trata de nuevo de una forma de hospitalidad, la invitación al lector para que encuentre sus propias respuestas... A esto hay que añadir que su observación de las necesidades no se limita a las necesidades humanas. Las necesidades de los ríos, de los paisajes, de la noche que termina al amanecer, también se identifican.

YB: ¿Podríamos decir que ve un alma en todo?

JB: Sí. Totalmente.

EF: Así es, su particularidad es englobar en la misma esfera todo aquello que parece estar dotado de existencia. No solo los hombres y los animales, sino también las plantas, los astros o las máquinas... Todos estos elementos se tratan en pie de igualdad, como los componentes de una única y misma alma indivisible. Esto explica que tuviera tantos problemas con Stalin y la censura. Esta "cosmología" resulta incompatible con cualquier forma de ideología.

No puede ser que todos los animales y plantas sean miserables y tristes; esta es su falsedad, un sueño o una torturante fealdad temporal. De otra manera, hay que admitir que solamente en el corazón humano se encuentra una verdadera inspiración, pero este pensamiento es despreciable y vacío, porque también en los ojos de las tortugas hay meditación, y en el endrino hay fragancia, lo que significa un gran mérito interior de sus existencias que no fue necesario para completar el alma del hombre.

Andrei Platónov[11]

JB: Lo que también nos permite medir su importancia y originalidad es que, en el centro de sus preocupaciones, existe de forma permanente la búsqueda de una sintaxis nueva, en oposición a cualquier sintaxis académica o retórica. Esta búsqueda sintáctica incluye, por supuesto, la lengua, las frases, los párrafos, pero también tiene que ver con la historia propiamente dicha y con el modo de narración. Platónov trastoca continuamente los esquemas narrativos, multiplica los ángulos. Su estado de gracia no se encuentra en lo que está bien construido, sino en esos continuos cambios de sentido que podrían compararse con desgarros. Desde este punto de vista, resulta esencial, ya que sabe que la razón principal para dichos desgarros es la pobreza. No la pobreza de antes, fruto de la miseria material o de la falta de recursos, sino una pobreza engendrada por las acciones y las decisiones del hombre. Si bien era bolchevique y marxista, Platónov pudo juzgar las consecuencias de la revolución. Fue testigo de los devastadores efectos de la colectivización de la agricultura en la Unión

---

[11] Platónov, Andrei, "Dzhan" en: *Los descendientes del Sol. Cuentos y relatos*. Pravda, Moscú, 1987.

Soviética. Actualmente, esta forma de pobreza causada por el hombre está cada vez más extendida. Esto es lo que hace a Platónov tan contemporáneo.

EF: La obra de Platónov se sitúa más allá del acontecimiento. Aun conservando los rasgos de la miseria antigua, la pobreza que describe prefigura la del futuro. Los personajes harapientos de *Dzhan* —que simbolizan a todos los desheredados— vagabundean en ese desgarro con apariencia de desierto, como si hubieran sido proyectados fuera del tiempo, como si se encontraran entre la vida y la muerte.[12]

JB: Tienes razón. Nos hallamos ante un texto casi sagrado. Sin duda, esto explica la vulnerabilidad de sus personajes... Al mismo tiempo, lo que lo hace extraordinario es la forma en que siempre mantiene la esperanza. Quizá sea esto lo que lo diferencia de un Victor Hugo o de un Dickens. En Platónov, la esperanza siempre persiste. Nunca hay piedad.

YB: Quizá también porque está lejos de cualquier forma de racionalidad. Su manera de tratarlo todo por igual, de identificar el alma y la vulnerabilidad de cada cosa, está muy alejada de lo que para nosotros es normalmente racional. Además, incluso cuando su obra adopta la forma de novela o se acerca al reportaje, poseen algo del orden de la poesía: sea esa sintaxis tan particular o esa esperanza mantenida más allá de lo racional...

---

[12] Esta parte sobre Andrei Platónov es, en gran medida, deudora del pensamiento de Jean-Christophe Bailly, en concreto del texto "L'événement suspendu", incluido en el libro de ensayo titulado *Panoramiques*, Christian Bourgois Éditeur, París, 2000.

JB: No creo que tengamos que detenernos en la forma. Muchos poetas son grandes prosistas... En el siglo xx, la racionalidad se ha asociado con frecuencia a la idea de jerarquía. Vivir sin jerarquía suele conllevar un sentimiento de inseguridad. Las jerarquías transmiten seguridad; excepto para aquellos que se encuentran en el escalón más bajo. Platónov no cede al miedo de la inseguridad, de ahí esa ausencia de jerarquía que hemos señalado. Quizás, en este sentido, sea un anarquista, aunque estoy convencido de que políticamente no lo era.

EF: Al mismo tiempo, la ausencia de jerarquía provoca que sus personajes encuentren refugio en la miseria. No poseer nada, no codiciar nada o no saber cómo procurárselo, es ya un logro.

YB: Creo que hay un pasaje de *Dzhan* que lo ilustra bastante bien. Una pareja duerme, uno junto al otro, con sus huesos como única riqueza. En la miseria más profunda habita lo esencial. Lo que me conmueve es que esta ausencia de jerarquía incluye también la inteligencia. En *Las dudas de Makar*,[13] Platónov insiste en que Makar es un cabeza hueca y que solo sus manos son inteligentes. De forma general, se acepta que la inteligencia está en la cabeza, en una relación jerárquica en la que la cabeza predomina. Al situarla en las manos, Platónov rompe con las convenciones establecidas y lleva a cabo una especie de aplanamiento. Sin duda, en este

---

[13] Platónov, Andrei, "Las dudas de Makar" en: *La patria de la electricidad y otros relatos*, Galaxia Gutenberg, Barcelona, 1999.

sentido, es un visionario. Si nos queda algo por descubrir o por conquistar, es sobre todo en esta necesidad de "deslocalizar" la inteligencia...

Yves le recuerda a John el retrato de Platónov que pintó hace años. El dibujo iba acompañado de un billete de tren en el que John había copiado esta frase del escritor ruso: "Se marchó lejos por mucho tiempo, quizá para siempre...". Entendemos hasta qué punto esta frase, colocada bajo el rostro de Platónov, brilla. John no se resiste a la idea de hacernos descubrir una fotografía inédita, extraída de un libro de cuentos en inglés, que acaba de publicarse. Esta fotografía supone un corte extraordinario con la que suele ilustrar las obras de Platónov. El escritor tiene unos treinta años, pero parece que tenga el doble. Su rostro enjuto; su frente despejada y surcada de arrugas. Es evidente que el alcohol ha empezado su largo trabajo de destrucción. En este rostro arrasado es posible leer todas las pruebas pasadas y futuras, la dificultad de vivir. Me imagino a este hombre, por la ironía del destino convertido al final de su vida en la persona para todo del muy respetable Instituto Literario. Lo veo barriendo el patio bajo la mirada socarrona o entristecida de sus "colegas" o llenando con rabia páginas destinadas a permanecer en el cajón... Seguimos con la grabación. La reflexión de Yves sobre la inteligencia me despierta las ganas de abordar la cuestión de la relación con el mundo animal. Las pinturas rupestres de la cueva de Chauvet vuelven a ser tema de discusión. Jabalíes, ciervos y caballos irrumpen en el taller... Unas semanas más tarde, en el tren que me lleva a Lyon, empiezo a transcribir esta parte. Para mi sorpresa, no hay ni rastro de la grabación en el casete. Para tranquilizarme, avanzo la cinta en modo acelerado y la rebobino como queriendo conjurar el destino. No hay nada que hacer. La grabación permanece en un silencio desesperante. Pienso de nuevo en la frase de Platónov.

Me pregunto cómo hay que interpretarla, qué intenta decirme...
Ya que me he impuesto la regla de no realizar ningún montaje y de
seguir, sea como sea, el hilo de la conversación (para traducir los
silencios y los titubeos, pero también la complicidad de John e Yves,
y la forma en que sus pensamientos circulan y se reconocen), me
encuentro ante la obligación de derogar dicha regla. Pongo en marcha
el último casete. Parece que la grabación no se haya interrumpido
nunca... Quiero pensar que Platónov tiene algo que ver en este
pequeño milagro, que está junto a mí, como el Bonnard de Alex
o el ángel Damiel en El cielo sobre Berlín. *Noto su mano sobre mi*
hombro y su voz, sorprendentemente suave, que me murmura:
"Los animales se han ido, quizá para siempre, pero con toda
seguridad no andan muy lejos".

EF: Has hablado de tu encuentro con Walter, un héroe de
la *resistencia*. El término resistencia a veces se utiliza mal,
se desnaturaliza. Se habla de la resistencia de los mercados
financieros, de la resistencia de tal o cual marca... A vuestro
parecer, ¿contra qué hay que rebelarse hoy en día? ¿Ante
qué hay que resistir de forma imperativa?

YB: En mi opinión, se puede contestar de varias maneras.
De nuevo me remito a Gilles Deleuze. Según él, hay que
resistir ante la necedad, "la necedad que no cesa de matar
la vida". El término *necedad* sigue siendo válido, aunque
la palabra *desprecio* quizá sea más apropiada, puede que
se corresponda mejor con lo que vivimos actualmente.
El desprecio es la necedad que se asume como tal,
¡la necedad sin complejos! Tengo la sensación de que
este desprecio tiende a generalizarse, de que está cada vez
más extendido. Para darse cuenta, basta con encender la

radio o la televisión y escuchar la forma en que un presentador de telediario desgrana las noticias. A menudo adopta formas evidentes o espectaculares. Por ejemplo, un elegido proclamando el uso de un mecanismo de repulsión para deshacerse de los indigentes, como si se tratara de chusma. Pero a veces resulta más insidioso. En el avión, de camino a Tel Aviv, me di cuenta de que los territorios palestinos ocupados no aparecían en la pantalla que emitía los boletines meteorológicos israelíes... Lo más terrible es que el desprecio no queda relegado a las esferas políticas o mediáticas. Lo encontramos en la relación que se establece entre las personas, en las distintas pertenencias. No hay más que ver el desprecio que encubren las palabras *funcionario* o *campesino*.

EF: Quizás actúe como abogado del diablo, pero en mi opinión este desprecio no es nuevo.

JB: Pero, de todos modos, es bastante reciente. Antes, el desprecio tenía tufo de imperialismo o colonialismo, sin embargo no existía este desprecio intrínseco de los medios de comunicación. Esto se debe, en primer lugar, a que los políticos pronunciaban verdaderos discursos políticos y no eslóganes publicitarios. En dichos discursos podía haber desprecio hacia una medida, una persona o una fuerza, pero no era algo generalizado. Actualmente, cuando un político utiliza la palabra *libertad*, induce una forma de desprecio, porque, implícitamente, ya no representa la libertad... Además, este desprecio llega también en el momento en que los políticos han perdido gran parte de su poder. Las decisiones que toman dependen del mercado.

Están sometidas a esas dichosas fuerzas extraterritoriales. Esta es la especificidad del desprecio al que debemos hacer frente. Los ejemplos que has dado muestran, por otra parte, hasta qué punto dicho desprecio se vuelve contagioso. El discurso con el que nos martillean los medios de comunicación acaba siendo adoptado por los oyentes.

YB: Las personas que rechazan el discurso reinante pocas veces escapan al desprecio... Lo que también tiende a generalizarse es esa idea insoportable de que unas vidas valen más que otras. De hecho, estamos muy lejos del pensamiento de Platónov y de cualquier voluntad de erradicar las jerarquías. Dicho esto, este desprecio es quizás un punto de unión, la fogata central en torno a la cual puede empezar la resistencia.

JB: En Francia, la resistencia como acción humana nos remite de inmediato a figuras como Walter, a los movimientos de resistencia de la década de 1940 y a la lucha contra el fascismo y el nazismo. Esta noción de resistencia es, sin embargo, una constante de la historia. Tiene un carácter totalmente inmutable, aunque, por supuesto, se vea salpicada por momentos más o menos agudos. La desigualdad entre las vidas que acabas de mencionar me hace pensar, por ejemplo, en los Evangelios... Otra cosa que creo que determina la resistencia es su dimensión colectiva. Por supuesto, puede haber oposiciones individuales aquí y allá, pero este concepto de *resistencia* implica un agrupamiento y una entente entre las personas que quieren resistir juntas. El libre albedrío es la condición previa para esta resistencia. Si tenemos una visión clara y personal de lo que estamos viviendo, será más fácil identificar aquello ante lo que hay que resistir. En cierta forma, se trata de una entente de la mirada... Hemos visto que, hoy en día, los nuevos amos del mundo no tienen ataduras geográficas. Viven confinados en algunos barrios lujosos de las grandes metrópolis. Mientras, el resto del mundo se asemeja a una gigantesca prisión. Solo si tomamos conciencia de esta situación podremos soñar con las distintas formas de resistir o de mejorar las condiciones de nuestro encarcelamiento. El alma de los prisioneros se encuentra, sin duda, en todos los territorios que hemos abordado al hilo de nuestra charla.

YB: Porque el ámbito de la resistencia ha abandonado la escena política, se ha extendido a otros territorios. Por consiguiente, es mucho más amplio y variado. Así, incontables resistencias ven la luz y adoptan las formas más diversas. Emanan de una necesidad, de una voluntad, de un deseo, pero no siempre son conscientes. Por ejemplo, me sorprendería mucho que Stéphane creyese que, cuando planta árboles, está ejerciendo resistencia. Uno de los papeles principales de los pensadores o de los artistas quizá sea contribuir al reconocimiento de estas formas de resistencia por parte de esas mismas personas que las practican sin saberlo. Porque, si algún cambio debe tener lugar, podrá hacerse únicamente sobre la base de estas "microrresistencias" locales o territoriales. Ellas detentan la historia, en el sentido que defiende Pasolini, cuando dice a los campesinos que ellos son los portadores de las tradiciones y la historia.

EF: (*Dirigiéndose a John*) Has alabado la forma en que Platónov mantenía siempre viva la esperanza. Pienso que podríamos decir lo mismo de Pasolini; y ello, a pesar de las apariencias. En un texto dedicado a su película, *La rabia*,[14] subrayas su lucidez y su terrible don de profecía, pero también su capacidad de atenuar el sufrimiento de la gente al hablarles con suavidad de los atroces sucesos que les suceden. "Nulla disperazione senza un po' di speranza", escribió porque "nuestra desesperación nunca está exenta de un poquito de esperanza". Tengo la impresión de que este es un dato esencial para ti. Me baso en la frase de conclusión de *Algunos pasos hacia una pequeña teoría de lo visible*: "Pintar hoy es un acto de resistencia que satisface una necesidad generalizada y puede crear esperanzas".[15]

JB: Dibujar lo existente resulta aún más considerable dado que la tiranía bajo la que vivimos no lo reconoce. Cada vez más se abofetea lo existente, se niega. El mero hecho de mirarlo constituye un acto de resistencia o de sedición. Si partimos de este principio, resulta fundamental no escuchar los discursos que nos hacen llegar los carceleros que, entre paréntesis, están obsesionados con la idea de la criminalidad. Sus palabras no tienen nada que ver con nosotros. E intentar penetrarlos es una pérdida de energía. Hay otra cosa que me parece importante y que, paradójicamente, es una fuente de esperanza. De vez en cuando,

---

[14] Artículo titulado "El coro que llevamos en la cabeza", publicado en el periódico *EL PAÍS*, 26 de agosto de 2006.

[15] *Op. cit.*, pág. 49.

algunos detenidos son aislados o excluidos por razones específicas. Sin embargo, el hecho de estar encerrados junto a otros les ayuda a superar las divisiones y tensiones que podrían existir fuera. Tomar conciencia de que todos somos prisioneros en potencia es el mejor modo de superar nuestros desacuerdos y vencer nuestras divergencias, incluso si nuestros carceleros los avivan permanentemente.

Le dije al carcelero en la costa oeste:
—¿Eres tú el hijo de mi viejo carcelero?
—¡Sí!
—¿Y dónde está tu padre?
Dijo: Hace años que murió.
Y me sentí frustrado, harto de vigilar.
Me dejó en herencia su misión y su oficio, y me ordenó que protegiera
    la ciudad de tu himno...
Dije: ¿Desde cuándo me vigilas y encarcelas en mí tu propia alma?
Dijo: Desde que tú escribiste tus primeras canciones.
Dije: No fuiste, mas naciste.
Dijo: Tengo tiempo, todo el tiempo del mundo, quiero vivir con
    el ritmo de América y el muro de Jerusalén.

Mahmud Darwish[16]

EF: Para el artista Miquel Barceló, que tú, a menudo, comparas con un recluso debido a su ropa de trabajo a rayas, ha vuelto a tomar importancia el hecho de pintar un buey desollado, "como en otras épocas, pero siempre distinto. No como pintaban la comida los romanos, ni como

---

[16] Darwish, Mahmud, *Mural*, Ediciones del Oriente y del Mediterráneo, Madrid, 2003, pág. 187.

Rembrandt, ni tampoco como Soutine o como Bacon [...]".
Y prosigue Barceló: "De pronto, la posibilidad de pintar esto
se ha hecho urgente, necesaria, esencial: sangre y sacrificio
[...] Pero también funcionaría con una manzana, con una
cara [...] Uno tiene que arrancar las cosas, una a una, de la
pegajosidad de Berlusconi, y hacerlas de nuevo, frescas,
limpias, mostrarlas palpitantes o con su dulce podredumbre".[17]

YB: Pienso que, de nuevo, se trata de una cuestión de
reconocimiento. Por otra parte, recuerdo que tu texto sobre
Barceló termina hablando de la esperanza que transmite y
que debemos aprender a reconocer. Pintar un buey desollado es reconocer al animal y la carne, el ser vivo y el
alimento, pero también el pasaje entre ambos, que siempre
ha tenido un carácter sagrado, a menudo acompañado de
ritos. Es reconocer a los hombres que participan en este
trabajo y desarrollan este proceso. Al que cría el buey, pero
también al que lo destripa. Al campesino, al igual que al
descuartizador. A través del ejemplo del buey desollado,
vemos cómo se niega lo existente. ¿Quién puede decir hoy
en día cuál es la diferencia entre un matadero y cualquier
otro edificio industrial o un supermercado?

JB: Reconocer lo existente significa rehusar el hecho de
silenciar la violencia extraordinaria que genera el neoliberalismo. Intentan hacernos creer que esta violencia no
existe blandiendo el trapo rojo de la criminalidad y ape-
lando a nuestros instintos más primarios.

---

[17] Berger, John, *El tamaño de una bolsa*, Taurus, Madrid, 2004, pág. 210.

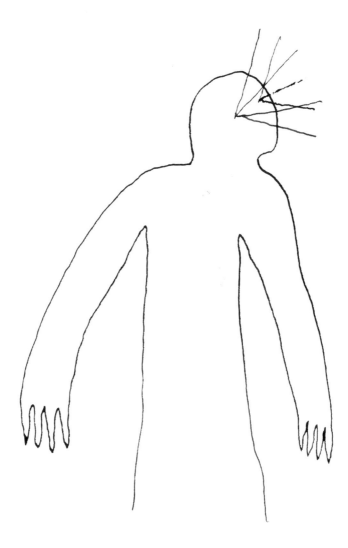

EF: Uno de los símbolos actuales de la resistencia a la "novlengua" de los carceleros y a esa violencia enorme generalizada es el "subcomandante" Marcos, el portavoz del movimiento zapatista en México. El invierno pasado estuviste en Chiapas. ¿Viste motivos para la esperanza o razones para inquietarse?

JB: Sin duda, razones para preocuparse. Pero en modo alguno para desesperarse. Tal como acabas de recordar, el ejército zapatista, encarnado en Marcos, se ha convertido en un símbolo de resistencia universal. Nos reconocemos en la lucha ejemplar que llevan a cabo decenas de miles de personas en el sudeste de México y en su forma de expresarlo. Los zapatistas hablan de la política de forma distinta. Le han inyectado cierta poesía. Han cambiado la sintaxis del discurso político, como Platónov cambió el de la narración... Para acallar esta palabra discordante y poética, el Gobierno mexicano se prepara quizá para llevar a cabo una acción militar o paramilitar de gran envergadura. Desde 1996, Marcos y sus hombres han renunciado a la lucha armada. Se han retirado a las inmensas y salvajes montañas de Chiapas, cuya memoria conservan, para reflexionar sobre el sentido que deben dar a su lucha. Sin embargo, aunque hayan renunciado a la lucha armada, no han entregado las armas y están dispuestos a defenderse en caso de ataque. Este es el motivo real de preocupación porque, como dice el propio Marcos, bastaría con algo de fuego y plomo para poner fin a un desafío tan "desvergonzado".

Y a pesar de ello, su serenidad constituye la mayor fuente de esperanza. Nunca antes había conocido a gente tan tranquila: tranquila, con esa certeza de rechazar todas las certezas... Es algo que ofrece una tranquilidad extraordinaria, lo totalmente opuesto a la desesperanza. Una de las ilustraciones de esa tranquilidad es mi encuentro con Marcos. Antes de que me llevaran a su casa, a la cabaña en la que vivía en ese momento, había imaginado todo tipo de preguntas para hacerle. Me abrazó y luego me invitó a entrar en una habitación del tamaño de este taller. Tuve la sensación —y él se comportó como si sintiese lo mismo— de conocerle desde hacía tiempo, no como si fuéramos íntimos, pero sí conocidos. No tenía prisa por hablar de cosas importantes. Y esta ausencia de necesidad por comentar los últimos acontecimientos o la situación mundial era fruto de esa tranquilidad y de esa certeza...

YB: Pienso de nuevo en Patrick. A menudo le oigo silbar una musiquilla cuando vuelve a su granja. Ese silbido es siempre como una chispa, un mensaje enviado a los carceleros para decirles: "No tengo nada que ver con vosotros. Sé algo que vosotros no sabéis". Para mí, esto se corresponde con la tranquilidad y la certeza de la que hablas. No me cuesta imaginarme a los zapatistas canturrear este "algo"... Cantar y resistir son, por otra parte, indisociables. El canto, a mi entender, es una de las primerísimas formas de creación y resistencia. La música posee esa facultad de hacer que las cosas sean claras e inmediatas. A menudo utilizo imágenes y términos musicales para hablar de mi pintura y explicar cosas, sin duda bastante sencillas, pero que resultan misteriosas para muchas personas cuando se trata de pintura. Todo el mundo entiende cuando se dice, sobre todo referido a una canción, que nos pone los pelos de punta, o que suena bien. Hay ejemplos gloriosos de cantos de resistencia

—Víctor Jara sigue cantando después de que los militares chilenos le cortaran las manos o José Alfonso dando la señal de la Revolución de los claveles en Portugal con su canción *Grândola, Vila Morena*—, pero lo que resulta tan especial y maravilloso con el canto es su carácter infinitamente popular. En cualquier esquina, se puede oír un canto de resistencia.

EF: Es una imagen muy hermosa... A modo de conclusión, tengo ganas de preguntaros si os acordáis de una canción en particular. ¿Cuál es la última que os ha puesto los pelos de punta?

YB: Depende del momento y del estado de ánimo en el que uno se encuentra, pero de forma espontánea diría una canción de Navidad titulada *Martyrology*, interpretada por un coro de monjas benedictinas en Bethlehem, en Estados Unidos.

JB: Yo elegiría una de las últimas canciones grabadas por Johnny Cash, *Help me*.

Seguimos hablando del canto como tierra de partición y "compasión", en el sentido etimológico del término. John se acordó entonces del poema Carrying the songs (Llevan las canciones), *de la poetisa irlandesa Moya Cannon, y lo leímos. Después Yves nos hizo escuchar* Martyrology.

23-24 de diciembre de 2008

"Los que están en el poder escriben la historia; los que sufren, escriben las canciones."

Franck Haste

Llevan las canciones

Siempre fueron los más pobres
quienes llevaron las canciones
hacia Babilonia,
hacia el Misisipí.
Algunos poseían menos que nada,
incluso sus cuerpos no les pertenecían,
sin embargo, tres siglos después,
ritmos profundos de África,
almacenados en sus corazones, sus huesos,
del mundo llevan las canciones.

Para los que partieron de mi país,
las muchachas de Downings y de los Rosses,
que seguían al norte de Shetland los barcos de arenques,
que cortaban la plata del mar al pasar,
o los muchachos de Ranafast que embarcaron en Derry
y dormían sobre los cordajes, en refugios improvisados,
las canciones eran la moneda de cambio de sus almas,
el metal puro de sus corazones.

Para intercambiar por otro oro,

otras canciones que fluían claras y verdaderas

al ser lanzadas a tierra,

sobre el suelo de madera de sus días.

Moya Cannon[18]

La capa de niebla que ha invadido el valle se disipa poco a poco.
Es la víspera de Navidad y me siento feliz de vuelta a Quincy.
El cartel del poeta palestino Mahmud Darwish, sobre la fachada, me
invita a entrar en la casa y parece decirme: "Hasta luego". El olor
familiar del café y del jamón que se está cociendo añade: "Te esperá-
bamos". Nero, el gatito recién llegado, se ha adueñado de la cesta de
la fruta y duerme en ella el sueño de los justos... Con nuestras tazas
y nuestros paquetes de cigarrillos, subimos a la pequeña habitación
monacal en la que John suele trabajar. Lienzos de Yves, ya antiguos,
cuelgan de la pared. En los estantes de la biblioteca hay muchos libros
de poesía. John, que sabe que deseo volver a hablar de los animales
(por culpa de aquel maldito casete), ha escrito por la mañana un
texto titulado Under the Hill *(Bajo la colina). Nos lo da.*

Al escuchar hablar a los animales

Para nosotros, el tiempo no existe. Cuando estamos en algún lugar,
el tiempo nos precede o nos sigue.

Muchos de entre nosotros caminan sobre la tierra. Caracol se pega
a la tierra y la escucha. Mientras que Mosca camina sobre un
instante. ¿Es necesario que repita? Mosca camina sobre un instante...

---

[18] Cannon, Moya, *Carrying the Songs*, Carcanet Press, Manchester, 1990.

Ratón se parece a Canguro. Debido a las patas traseras. Tenemos distintas formas de reconocernos unos a otros. No captamos las mismas características que ellos.

Perro, de tanto vivir con ellos, es el animal del olvido. Cuando recupera un recuerdo, mueve la cola.

Puma estudia los ríos y escudriña el nivel del mar. Ha aprendido a deambular a contracorriente, en vez de dejarse llevar a la deriva.

Gallo es un político. Solo anuncios.

Caballo no actúa según su voluntad. Espera órdenes. Burro, por el contrario, ha conservado su determinación. Comparad sus hocicos.

Morsa y Elefante nacieron a la vez; uno en el agua, el otro entre los árboles.

Rana es un salto en espera. Sin embargo, del mismo modo que Perro juega con una pelota, Rana está dispuesta a morir por amor.

Nuestros cuerpos son túneles, laberintos bajo la colina cuya cima somos nosotros.

Vivimos con el miedo; pero no como ellos. El miedo es nuestro aliado.

Se comen a muchos de nosotros; a casi todos en épocas de hambruna. A pesar de todo, nos envidian. Sin duda, se trata de un ejemplo de su dicho: "Querer el oro y el moro". La historia de las ciencias naturales describe, según ellos, un paraíso perdido. Para nosotros, el paraíso es sencillamente el próximo amanecer.

Viven instalados en el remordimiento y el miedo. Nosotros vivimos en alerta constante. De este modo, la mentira no nos sirve para nada. Utilizamos la astucia, sin olvidar jamás que se trata de astucia. Ellos se mienten a sí mismos. Es evidente que esta es la razón de la complejidad de sus lenguajes.

Más allá del hecho de que nos coman, nos utilizan para desplazarse. Los transportamos con todos sus bártulos. Por tierra e incluso, a veces, como en el caso de Jonás, bajo el mar. Pero les ofrecemos otro tipo de viaje mucho más importante. Nos cazan y nos observan. Cuando nos damos cuenta de ello, los seducimos. (Orfeo ha aprendido mucho de nosotros.) Entonces les convencemos para que nos sigan dentro de los túneles, bajo la colina. Esos túneles son nuestras aptitudes físicas; como nuestro sentido de la orientación, nuestro uso del camuflaje, del silencio, nuestro aguante, nuestra visión nocturna, nuestra previsión, nuestro sentido de la medida, nuestra capacidad para medir las distancias, para escuchar. De tanto estudiarnos, reconocen estas aptitudes, se las atribuyen y se dejan deslizar fuera de sí mismos, como sonámbulos.

Esos túneles, esos caminos posibles de nuestros cuerpos, son para ellos una especie de balizas, de faros en la oscuridad. Se convierten en sonámbulos y esto les permite ir al encuentro de otros universos, reencontrarse con los muertos y con aquellos aún no nacidos.

Les acompañamos bajo la colina. Los chamanes conocen nuestro periplo.

Tortuga lleva el mundo a cuestas, sin esperar nada a cambio.

JB: […] Y para añadir un poco más de confusión, os voy a contar ahora una pequeña anécdota a propósito de Nero. Desde que se ha instalado aquí, juega conmigo. Sus juegos son muy sencillos. Consisten en atrapar mi mano o un dedo entre sus dientes, o en rascar con sus garras. Sin embargo, nunca tiene la intención de hacer daño. Posee una conciencia increíblemente aguda de lo que pertenece al ámbito del juego y de lo que no. Y se trata de una capacidad totalmente innata. Nadie se la ha enseñado. Esto, a mi entender, te hace sentir extremadamente modesto.

YB: Me gusta mucho esta manera de abordar el tema. A partir del momento en el que entendemos nuestra relación con los animales, con esa modestia, esa humildad, se abren otras perspectivas. El mundo animal está constituido por una infinidad de mundos entre los cuales uno puede sentirse enseguida perdido y sobrepasado. El uso de palabras parece irrisorio; el lenguaje, inapropiado. Por este motivo nos hemos quedado en silencio después de la lectura de tu texto, que parece salido de la boca de un animal. Esta voz viene de ese mundo múltiple en el que el lenguaje humano resulta totalmente inoperante. Señalo, además, que los hombres que están en contacto con animales, o que trabajan con ellos, son más bien callados. Casi siempre las cosas suceden de forma no verbal. Por el contrario, los gestos, las actitudes y la mirada son fundamentales. En los animales, los ojos hablan mucho. Este es uno de los rasgos que tenemos en común. Tal como dice Jean-Christophe Bailly, asisten al mundo como nosotros.

JB: Una amiga etóloga, Despina, ha compartido la vida de una manada de lobos en un bosque al este de Polonia. Me contó su experiencia, sobre todo lo que hay que hacer para que te acepten. En primer lugar, es indispensable situarse siempre al mismo nivel físico, a su altura. A continuación, y contrariamente a la idea generalizada que se tiene, no hay que mirarlos a los ojos. Es necesario que la iniciativa venga de ellos y que sean ellos los que nos inviten a intercambiar esa mirada... Este aprendizaje puede durar semanas, a veces años. A fuerza de paciencia y perseverancia, Despina consiguió ganarse la confianza de dicha manada, sobre todo la del macho dominante al que dio el nombre de Siber. Un día Siber fue a buscarla y la condujo hasta el lugar donde se encontraban sus crías. Quince días después de su nacimiento, los lobatos salían de su madriguera para conocer el mundo y ser presentados al resto de la horda. De este modo, se familiarizan con sus allegados. Esta fase de reconocimiento dura aproximadamente un mes. Terminado este período, desconfían de cualquier criatura que no identifiquen como miembro de la manada. Siber quería que Despina perteneciera a ese mundo, que formara parte del círculo de allegados.

YB: Tu historia me recuerda a *El principito,* cuando el zorro le explica al principito el significado de la palabra *amaestrar* y le indica cómo hay que hacerlo. Le dice que hay que encontrarse cada día a la misma hora, para esperar con alegría ansiosa ese instante, acercándose cada día el uno al otro. Luego le expone los beneficios del acto del amaestramiento, le enseña que ratifica el pasar de una relación general, cualquiera, a una relación particular, específica. Le aconseja que amaestre la rosa de su planeta. De este modo, dejará de ser una rosa parecida a miles de otras rosas: será *su* rosa. El acto de amaestrar es, pienso, un dato importante de la escritura. Para conocer las cosas y hablar de ellas, es necesario tomarse el tiempo necesario para amaestrarlas. Por otra parte, esto nada tiene que ver con la voluntad. Se trata más bien de dejar hacer. Es algo parecido a lo que ocurre con los lobos. Hay que bajar la mirada y esperar a que nos den una señal antes de volver a levantarla.

Miramos simultáneamente las tres imágenes colgadas en la pared. A la izquierda, una pintura de Yves, dos pies heridos. En el centro, otro lienzo de Yves, que representa una vaca pariendo. A la derecha, el desnudo de una mujer delante del espejo, uno de los escasos cuadros que John ha conservado.

JB: En mi opinión, no hay diferencia alguna entre el nacimiento de este ternero y la carne mutilada de estas dos piernas. Se trata de las mismas existencias. Y ocurre lo mismo en el caso de esta mujer que pinté siendo muy joven. Su existencia pertenece a las otras dos... Como dijimos la última vez, la pintura tiene que ver con la apariencia física

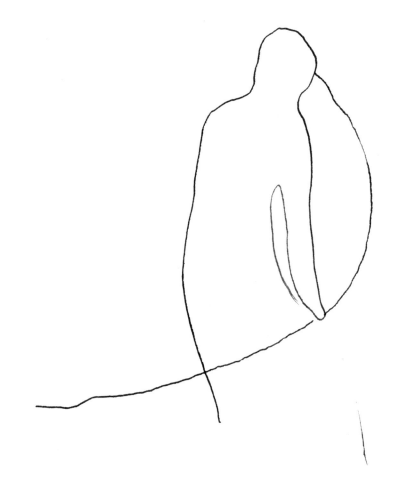

de las criaturas, incluso la de los hombres. Por lo tanto, escapa a los problemas del lenguaje.

EF: A menudo, carecemos de recursos cuando tenemos que hablar de los animales. Esta dificultad puede explicarse por la vulnerabilidad del animal, su relativa "pobreza". En este sentido, es testigo de nuestra relación con el mundo, basada en la dominación y la destrucción de las demás especies... Sin embargo, me pregunto si esta dificultad no se ve acrecentada a partir del momento en que damos el paso para ponernos a la altura de los ojos del animal. Esta nueva mirada nos reenvía a nuestra propia pobreza.

YB: Tienes razón. Este paso para ponerse a la altura de los ojos requiere todo un proceso. En el texto que nos has leído, queda claro que el camino ya ha sido recorrido. Por lo tanto, las condiciones ya se dan para que puedas expresarte sobre dicho tema... Pero vuelvo a las tres pinturas. Has subrayado la "fluidez" que podía existir entre el parto de la vaca, una parte del cuerpo humano y un desnudo, haciendo hincapié en que no todo se juega a nivel del lenguaje, sino de lo físico y lo visible. La dificultad para hablar de los animales es parecida, quizás, a la que surge cuando queremos hablar de pintura.

JB: Así es. Esto me hace pensar de inmediato en *La cabeza de venado* de Velázquez... Creo que Velázquez había comprendido esto.

YB: Y a mí me recuerda a ese autorretrato de Salvator Rosa en el que sostiene un cartel en el aparece escrita la orden:

"Cállate o di algo mejor que el silencio". Es posible tender muchos puentes entre el cuerpo animal y el cuerpo humano. Recuerdo, por ejemplo, cuando criamos dos cerdos, Rillette y Rognon, con el propósito declarado de sacrificarlos y preparar todo lo que se hace a partir del cerdo. Por otra parte, hago un paréntesis para decir que, contrariamente a lo que se piensa, no resulta tan difícil sacrificar a unos animales con los que se ha establecido una relación. Parece existir un acuerdo tácito entre esos animales y nosotros, un pacto que parece decir: "Me ofreces una buena vida y yo te ofrezco una buena carne". Y se puede afirmar, creo, que en relación con sus congéneres, estos dos cerdos tuvieron una buena vida. Cierro el paréntesis. Para llegar al sacrificio, al ceremonial que anuncia la matanza, al despiece y luego a la preparación de la carne, la primera tarea consiste en matar al animal. El cuchillo penetra en la carne del animal, en el pescuezo, para desangrarlo. La imagen del sacrificio y de este movimiento siempre me han fascinado hasta tal punto que he pintado varias veces el detalle del cuchillo que se clava en la piel, abre una hendidura y se hunde hacia el interior. Enseguida me pareció evidente que dicho gesto se parecía visualmente al acto sexual. En ambos casos, nos encontramos con las mismas formas alargadas y ovaladas, la abertura oscura situada en la frontera del otro cuerpo. Por un lado, el acto que da la muerte al animal. Por el otro, el acto sexual que puede dar vida. Me choca la similitud de ambos actos, situados uno a cada extremo de la existencia...

Hace poco, alguien me contó una tradición de la Grecia antigua. En el momento del sacrificio, el cuchillo que había servido para sacrificar al animal circulaba alrededor de la mesa, de mano en mano. El último que lo cogía tenía que conservarlo antes de tirarlo al mar. Todas las personas que podían disfrutar del fruto de aquel animal habían tenido en las manos el objeto que había permitido su transformación. De este modo, todos tenían las manos manchadas de sangre. Lo que también me parece muy hermoso y elocuente es ese último acto de tirar el cuchillo al mar. Como si, una vez acabado el sacrificio, fuera necesario pagar un tributo a la naturaleza. Es uno de los rituales inventados por el hombre para afrontar el sentimiento de culpabilidad fruto del sacrificio de un animal.

JB: Al escucharte, pienso ahora en *El buey desollado* de Rembrandt y en las pinturas de Soutine que se inspiran en dicha obra. Estos cuadros van mucho más allá de simples argumentos moralistas e hipócritas. En ellos encontramos ese sentido de lo sagrado y del sacrificio del que ya hemos hablado.

EF: A propósito de la hipocresía, me gusta mucho lo que ese animal te ha dicho esta mañana: "Vosotros, los hombres, vivís instalados en el miedo y el remordimiento. Nosotros vivimos en el miedo y la expectativa. Esta diferencia significa que no tenemos necesidad alguna de mentir, a diferencia de vosotros. Utilizamos la astucia, pero nunca olvidamos que se trata de astucia".

YB: Los animales podrían haber dicho lo mismo sobre la exposición fotográfica que hace poco vi en Bruselas. Se trataba de una exposición sobre la agricultura en la Unión Europea. Después de la tercera foto, me detuve y renuncié a ver el resto. Era la foto de un matadero, aunque para nada espantosa. En ella solo se veían algunos animales abiertos en canal y a uno de los empleados. Debajo de la imagen, el pie de foto nos decía que en el matadero alemán X —uno de los mataderos más modernos del mundo—, un centenar de veterinarios velaba por el bienestar de los cinco millones de animales sacrificados cada año. No fueron tanto las cifras las que me chocaron, sino la yuxtaposición de las palabras *velar, bienestar* y *animales sacrificados*. En mi opinión, cuando se alcanza un nivel de lenguaje tan infame, el propio lenguaje pierde todo su significado. Nos vemos confrontados con el lenguaje mentiroso de la publicidad, con el de la política actual. Esto me recuerda lo que decíamos la última vez sobre el desprecio. No solo se trata de una forma de desprecio hacia los animales, sino también hacia las personas que trabajan en esos lugares.

JB: También es un desprecio hacia el bienestar... En el momento en que empecé a escribir *Puerca tierra*,[19] en la década de 1970, visité varios mataderos de Francia, España y Turquía. Creía necesario enfrentarme a esa realidad, mirarla a la cara. El ambiente que reinaba en esos lugares era impresionante. Los empleados no solo sentían respeto los unos por los otros, sino también por las tareas que llevaban a cabo. Trabajaban de forma concienzuda, precisa y rápida, motivados tanto por la productividad como por acortar el sufrimiento de los animales. Era algo que no me esperaba. Los veterinarios —no un centenar, sino unos

---

[19] Berger, John, *Puerca tierra*, Alfaguara, Madrid, 1995.

pocos— velaban para minimizar en lo posible el dolor y el espanto de los animales... Y, tal como acabas de decir, el lenguaje utilizado es totalmente hipócrita y repugnante. La realidad no es lo que resulta repugnante. Es el uso de la palabra *bienestar*.

EF: A través de la hipocresía y obscenidad de esta frase, podemos volver a preguntarnos si intentamos ocultar el sufrimiento o negar lo que existe. Por supuesto, el cuchillo ya no circula alrededor de la mesa, y los mataderos se confunden con el paisaje. Sin embargo, ¿acaso esas "desapariciones" no hacen que, paradójicamente, la matanza sea más violenta?

YB: Confundimos dos tipos de violencia que no tienen nada que ver entre sí. La que constituye el acto de matar se inscribe en un todo: forma parte de la vida, de las fuerzas y de las potencias que se ejercen. La que intenta por todos los medios esconder el cuchillo y enmascarar el acto rechaza admitir que este pertenece a ese todo. Hacer desaparecer el cuchillo lleno de sangre seca es, en mi opinión, una forma de violencia mucho más hipócrita —y contra la que es imperativo resistir— que el acto de matar.

JB: La cuestión del sacrificio es crucial. Sin embargo, no pienso que tengamos que limitarnos a esto, que sea la única cosa que se pueda decir de los animales... Existe un fenómeno muy misterioso y bastante difícil de describir en los animales, en particular en los animales salvajes. A veces conseguimos sorprender a un animal, un pájaro, un jabalí, un ciervo, una gacela, sin que se percate en ese instante de nuestra presencia. Entonces podemos observar su "amor propio", en el sentido casi literal del término. En esos momentos de tranquilidad en los que no están en alerta, los animales se muestran con todo su "orgullo al cielo". Esta postura explica por qué hablamos de lo sagrado en relación con los animales o con su sacrificio. Expresa la conciencia de algo sorprendente en su complejidad en la creación. Hallamos esto en la pintura de Courbet, sobre todo. Aún es más frecuente en el arte africano u oriental, artes que, en nuestra arrogancia, calificamos como primitivos. A menudo, el tema de estas pinturas es lo que he intentado describir. No obstante, no necesitan recurrir a las palabras. No se trata de encontrar una palabra equivalente o mejor adaptada al amor propio o a la tranquilidad, ya que esto parece evidente. La evidencia está en la forma en la que se miran este pájaro o este ciervo. Podemos considerar que se trata del teatro necesario para la supervivencia —el teatro de la atracción sexual, ese que consiste en mostrarse fuerte y agresivo— y que estamos asistiendo al ensayo de una representación futura, aunque esta explicación me parece demasiado escueta y práctica.

EF: Acabas de hacer alusión a la creación. Tengo la sensación de que ese corto instante en el que el animal no percibe nuestra presencia y "tutea" al cielo, nos permite tocar con los ojos algo que se remonta a los orígenes.

JB: Sí, totalmente.

YB: Entre los cuadros que amas, está el de Piero di Cosimo, que representa la muerte de Pocris. Un perro está junto a Pocris tras haber sido asesinada, como si se lamentara o estuviera de duelo. No sé si quieres hablar de tu encuentro con este cuadro y con este perro. Tengo la sensación de que, a veces, hay pinturas que nos marcan con fuerza, aunque de ellas conservemos una imagen bastante vaga. Aquí, la imagen de este perro es muy precisa, muy fácil de recordar.

JB: Incluso aunque los mitos ya lo habían desvelado, desde hace casi un siglo está demostrado que los animales, y no solo los domésticos, son capaces de sentir la desaparición o la muerte y conocen la experiencia del duelo. Cuando relacionamos esta conciencia de la muerte con la del "yo" de la que hablaba antes, comprendemos por qué los animales eran considerados hasta hace poco compañeros para el hombre. Esto no significa que se hayan aportado respuestas o soluciones a todos los enigmas y paradojas. Pero este "compañerismo" tenía, como mínimo, el mérito de suscitar determinadas preguntas. Ahora que la mayoría de los animales han desaparecido de la vida de las personas y se han borrado de sus pensamientos, al menos en el Norte, estas preguntas también tienden a desaparecer. A pesar de todo, confieso que me cuesta formular estas preguntas... Nosotros, los seres humanos, tenemos una conciencia muy aguda de la muerte. Es una de las cosas que nos caracterizan. El "compañerismo" con los animales sugería una forma de continuidad: el Tigre era eterno. Esto no significaba que todos los tigres lo fueran, sino que la especie Tigre debía perdurar. Actualmente, sabemos que todas las especies no son eternas. Y lo sabemos porque nosotros somos los responsable de que sea así. Saber que una especie está en vías de extinción es, en este sentido, más chocante que la muerte, ya que muestra la fragilidad de esta continuidad.

YB: Pienso de nuevo en lo que decíamos al inicio de nuestra conversación. Quizá no consigues formular las preguntas que plantea dicho "compañerismo" porque son, a su vez, preguntas no verbales. Son esenciales, existenciales, pero no verbales.

JB: En efecto. En cualquier caso, es algo recurrente en nuestra conversación.

YB: Otra observación a propósito de los campesinos lo ilustra, creo, bastante bien. Incluso si la relación con sus animales es principalmente muda, a veces se dirigen a ellos con palabras. Sin duda, esa "habilidad" es común a todos los campesinos, independientemente de su lengua y su cultura; es lo mismo que decir que los campesinos del mundo entero se dirigen a sus animales con una sola y misma voz. Además, podemos preguntarnos sobre qué hace que los animales se muestren sensibles y respondan precisamente a esas llamadas, que, a menudo, se parecen más a un sonido cantado que a la palabra dicha.

JB: Esto nos reconduce a la relación entre la pintura y la "fisicidad" de los animales. El canto de los campesinos no solo está ligado a la cadencia y al ritmo de los animales, sino que además no se ve enturbiado por las palabras. Me parece que es ahí donde el canto de las sirenas, esas criaturas mitad humanas y mitad animales, adquiere todo su significado.

YB: A menudo sus cantos anunciaban dramas. En ello podemos ver la metáfora de lo que ocurre cuando nos deslizamos fuera de nosotros mismos, cuando cruzamos un límite en la

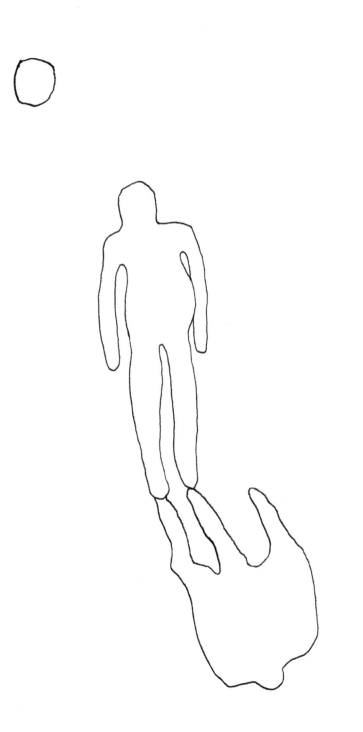

relación con el mundo animal. El canto de las sirenas induce quizá que vayamos hacia una forma de locura.

John coloca ante nosotros algunas reproducciones de animales.

JB: Soy muy sensible a estas imágenes. Las encuentro particularmente interesantes: en ellas, los animales son realmente ellos mismos, aun estando alejados de la visión puramente anatómica que hemos heredado, en Europa, desde el Renacimiento. El artista es una mujer mexicana, medio indígena. Las vende cada una a un euro para hacer imanes con ellas. Su percepción de los animales es increíblemente precisa, pero no tiene nada que ver con los esquemas científicos. Por el contrario, podemos compararlas con las de la geografía o la cartografía: plano ratón, plano mosca, plano cocodrilo.

YB: Sé que Emmanuel deseaba volver sobre la cuestión de la voz. Tu libro *King*[20] me inspira una reflexión y una transición entre la cuestión animal y la de la voz. El narrador del libro es, en efecto, un perro. Intuyo que tendría mucho que decir sobre este tema. Sin embargo, me pregunto si, de forma más general, escribir no se parece a seguir a un animal.

JB: Tu comparación es acertada. Cuando la voz se ha identificado, hay que seguirla como a un animal. Además, con frecuencia se cae en los mismos errores. ¡Intenta dirigirla a cualquier precio y se detiene en seco, como una mula!

---

[20] Berger, John, *King: una historia de la calle*, Alfaguara, Madrid, 2000.

YB: El seguimiento de una pista también evoca la vía. En la práctica de la escalada se dice que alguien ha abierto una vía. Creo que aquí también puede establecerse un paralelismo. Un alpinista puede poner todo su empeño, reunir toda su energía para escalar una pared; sin embargo, la vía está por descubrir. Los salientes a los que se agarra ya existen, pero debe ir a tientas para descubrirlos. No se trata de un programa. Es algo existente que hay que ir trazando a medida que se avanza.

JB: La voz, como el animal, posee una calidez. Además, el animal se acuesta sobre tu cama y sigue guiándote durante el sueño. Esta calidez es como un contrapunto a la frialdad que representa el acto de escribir. No es una casualidad que Barthes hablara ¡*del grado cero de la escritura*!

EF: Me gusta mucho la imagen que utilizaste la última vez. En esencia, dijiste que la voz es indisociable de la lengua materna, que engloba, ella misma, todas las lenguas. En mi opinión, esto responde bien a esta noción de calidez.

JB: Por lo demás, la multitud de especies animales tomadas en su conjunto también forman una lengua materna. Cuando surgió el lenguaje, los animales estaban presentes.

YB: Cuando nos contaste la experiencia de tu amiga Despina con esa manada de lobos, hiciste hincapié en la necesidad de colocarse a su altura. Pienso de nuevo en King dándose cuenta de hasta qué punto su voz era apropiada. Hablar de los indigentes y del mundo de los excluidos a través de la voz de un perro era, supongo, la manera de situarse a la altura adecuada.

JB: Quería que dicha voz estuviera en las antípodas tanto de la caridad como de los argumentos políticos abstractos; cuyas voces son muy, muy elevadas. Quería, no solo que no tuviera relación con esto, sino que fuera diametralmente opuesta.

EF: Tengo la sensación de que la voz es un elemento cada vez más importante en tu obra, cada vez más aparente e identificable. Pienso en la voz de Tsobanakos, el oráculo ciego de *Hacia la boda*,[21] en la de *King*, o en la voz "epistolar" de tu último libro, *De A para X*. Para ti, es imperativo encontrar la voz antes de escribir. Tengo ganas de preguntarte si son la historia, los personajes o las imágenes los que dan nacimiento a la voz, o si esta los prefigura y actúa como una especie de elemento detonador.

JB: Es verdad que doy mucha importancia a la voz. Aunque nunca ha sido el punto de partida para escribir. Más bien diría que el punto de partida es un punto de desesperanza, cuando, tras numerosos intentos, el resultado es una mierda; este fracaso de escritura es indispensable para encontrar la voz adecuada. En todos los casos, la voz se ha impuesto después de algunos meses, a veces tras un año de trabajo. Sin duda, esto se debe a que, salvo en *Aquí nos vemos*,[22] mis últimos libros están exentos de cualquier carácter autobiográfico y a que he tenido que alejarme todo lo posible de mis propias vivencias. Las cosas se han producido en

---

[21] Berger, John, *Hacia la boda*, Alfaguara, Madrid, 1995.

[22] Berger, John, *Aquí nos vemos*, Alfaguara, Madrid, 2005.

todas las ocasiones por azar, aunque yo no creo en el azar. Para *Hacia la boda*, estaba en Atenas cuando me crucé con un ciego en un mercado, que me impresionó mucho y con el que intercambié algunas palabras. Al día siguiente, estaba claro que aquella historia solo podía ser escrita por él. El encuentro con aquel ciego ofrecía una respuesta a la pregunta: "¿Cómo escribir actualmente una historia trágica o, en concreto, marcada por la tragedia?". Dicho de otro modo, ¿qué receta adoptar si se quiere ir de cabeza a la catástrofe? *(Risas)* Por supuesto, no era una casualidad que fuera griego y ciego, como en la inmensa mayoría de las tragedias, que son también tragedias de la obcecación... Las cosas se sucedieron de forma análoga para *King*. Había ido a un barrio de chabolas en Alicante para investigar sobre los indigentes. Me chocó la cantidad de perros que vagabundeaban en ese barrio de chabolas y me di cuenta de que el narrador de esta historia tenía que ser un perro. Por el contrario, las cosas fueron distintas para *De A para X*. Decidí rápidamente componerlo a partir de las cartas de una mujer. Poco a poco, descubrí a Aída y a esa voz específica al escribir el libro.

EF: La relación con la tragedia no es exclusiva de un único libro. La encontramos ya en *Lila y Flag*, el último tomo de tu trilogía dedicado al mundo campesino,[23] cuya acción tiene lugar en la ciudad imaginaria de Troy. En cuanto a *De A para X*, es el reflejo trágico de nuestra época, de la

---

[23] Se refiere a la trilogía titulada *De sus fatigas* que incluye los títulos *Puerca tierra, Una vez en Europa* y *Lila y Flag*.

tiranía que se ejerce en distintos lugares del mundo. Esquilo y Shakespeare están presentes.

JB: En efecto, mis libros tienen relación con la tragedia. Cuando escribía *G.*,[24] estaba muy influenciado por *Teoría de la novela* del filósofo húngaro György Lukács.[25] En él desarrolla sobre todo la idea de la pérdida del sentido de la tragedia; pérdida alentada por el "optimismo" del mercado y las simplificaciones del marxismo oficial. En mi opinión, dicha pérdida conducía a una cierta pobreza de la vida, mientras que lo trágico era parte integrante de ella. Mi lectura, alimentada con obras de Simone Weil y Platónov, reforzó este sentimiento.

EF: La dimensión épica de *G.* ha sido a menudo subrayada. Para Lukács, la epopeya expresa la totalidad de la vida, mientras que la novela, fruto de una lucha entre el mundo interior y el exterior, solo da un vistazo de ella. Así pues, la novela no sería más que una forma dialéctica del género épico. Tú no te defines como novelista, sino como cuentista. El cuento, la parábola, ¿son acaso formas de no ser prisionero de la dialéctica, de utilizar otros resortes para expresar la tragedia de lo real?

JB: Es sobre todo un intento de introducir poesía en la narración. Comprendí siendo muy joven que la historia, en particular la historia del siglo xx, estaba a menudo mejor

[24] Berger, John, *G.*, Alfaguara, Madrid, 1994.

[25] Lukács, György, *Teoría de la novela*, Círculo de Lectores, Barcelona, 1999.

contada por los poetas que por los novelistas... Además, no sé si es realmente interesante, pero me marcó mucho la experiencia de mi padre durante la I Guerra Mundial. A pesar de que nunca estuvimos muy unidos, enseguida comprendí que lo que vivió antes de mi nacimiento —aquellos cuatro años en las trincheras— le hizo cambiar radicalmente... Por otra parte, casi nunca hablaba de ello. De vez en cuando, algún comentario. Pero vivía permanentemente con ello. La biblioteca de su despacho estaba llena de planos utilizados en las trincheras y de documentos de guerra. Muchas veces lo sorprendí enfrascado en aquellos documentos... En casa, el día más importante del año no era Navidad ni el primer día del año, sino el 11 de noviembre. Cada año, íbamos los dos a la ceremonia en honor del soldado desconocido en Londres. Pero aparte de esto, silencio total. Tanto con su familia como con sus amigos, se encerraba en un silencio ensordecedor. Dicho silencio me ha marcado tanto como el sentido de esta tragedia. Para él, se trataba de una tragedia secreta y, para mí, de una tragedia escondida. Esta experiencia tuvo sin duda un papel decisivo en el hecho de que me pusiera a escribir. Lo que me motivaba no era tanto la idea de publicar, sino la necesidad absoluta de romper un silencio. Pensándolo bien, es, por otra parte, bastante ridículo, ya que aquellos acontecimientos eran anteriores a mi nacimiento.

EF: La última vez Yves te preguntó sobre ese tránsito de la pintura hacia la escritura, sobre ese momento en el que renunciaste a pintar para escribir. Al escucharte hablar del trauma de tu padre, de esa tragedia personal, me pregunto si dicho tránsito no fue debido a que pintar era como añadir silencio al silencio, mientras que escribir representaba un medio para romperlo...

YB: Büchner utiliza en *Lenz*[26] una imagen que ilustra bastante bien lo que aproxima el acto de pintar al acto de escribir, o lo que está en el origen de cualquier acto de creación. Lenz vagabundea por el campo cuando ve a dos mujeres jóvenes sentadas en una roca: una de ellas peina a la otra.subyugado por tanta belleza, sueña con convertirse en una cabeza de medusa, para petrificar esa escena y así hacer que otros la admiren. Compartir algo que es el único en ver y que sabe que no durará más que un instante, que está ahí y ahora. Probablemente, de la imposibilidad de transformarse en una cabeza de medusa nace la tentación de pintar o escribir. Büchner subraya en ello la posición extraña del que escribe o pinta. Toda la atención se centra en él, cuando su única voluntad es la de inmortalizar a esas dos jóvenes que se están peinando.

EF: Has dicho que quisiste dar a *Hacia la boda* la dimensión de una tragedia contemporánea. Hay una tragedia que lleva ya más de cincuenta años escribiéndose ante nuestros ojos, me refiero a la tragedia que sufre el pueblo palestino. A Mahmud Darwish, la "voz en poesía" de Palestina, le gustaba definirse como un poeta troyano, alguien perteneciente al bando de los perdedores. En *Palestina como metáfora*, dice que la poesía debe ser la aliada indefectible de las víctimas, y que solo puede encontrar un ámbito de entendimiento con la Historia sobre la base de este principio fundamental. Lo cito: "Con este prisma debemos comprender la temática de los Pieles Rojas o la caída de Granada,

---

[26] Büchner, Georg, *Lenz*, Montesinos, Barcelona, 1997.

para proponer, en 1992, una lectura humanista de 1492".[27] (*Dirigiéndose a Yves*) *Destinez-moi la Palestine*, tu largo poema fruto de tu primera estancia en Cisjordania, parece hacerle eco: "Si así lo quieres, otra vez volveremos a tu historia. / A los indios contemporáneos, / al rostro de una belleza sobre un fondo acribillado de ojos atravesado por una llama invisible. / Al tejido que separa una frente arrugada del azul del cielo. / Al icono de una ciudad abandonada ante los mercaderes del pillaje".

JB: Tienes razón, efectivamente Granada está ahí... Pero antes de seguir, me gustaría hacer una precisión: acepto que actualmente se califique de tragedia la historia palestina. Pero me resulta terriblemente difícil hacerlo, porque siempre he considerado la historia del pueblo palestino como el símbolo de una lucha contra una injusticia extrema. Ante la reescritura de los acontecimientos por parte de los israelíes, y a pesar de la falta de apoyo de la comunidad internacional y de los demás países árabes, esa lucha permanecía. Y cuando se está en lucha, no se habla precisamente de tragedia, aunque uno se vea confrontado a miles de tragedias personales. Nos decimos que, a pesar de todo, siempre hay una salida posible, que queda una esperanza. En la tragedia, no está permitida esperanza alguna. No hay perspectiva... Por lo tanto, me resulta muy difícil aceptar la palabra *tragedia*. Sin embargo, la acepto. Por otra parte, no es una casualidad que, desde nuestro regreso, no sea capaz de escribir ni una línea sobre nuestras experiencias. Esta impotencia es, sin duda, fruto de mi aceptación.

---

[27] Darwish, Mahmud, *Palestina como metáfora*, Oozebap, Barcelona, 2012, pág. 88.

YB: La falta de esperanza o de perspectiva procede de la diferencia de temporalidad entre aquí y allá. El muro que hay que cruzar para entrar en Palestina no solo separa el espacio. Distingue también entre dos temporalidades. Aquí, en el Norte, estamos del lado bueno del muro, el lado de los ocupantes o de los no ocupados. Esto me parece importante porque explica, a la vez, la difusión de ciertos malentendidos y la sordera que reina sobre la cuestión palestina en Francia o en Europa. Muchas personas son sensibles a esa realidad o tienen una opinión sobre la cuestión, pero esta diferencia de temporalidad no siempre se tiene en cuenta.

EF: ¿Podrías ser más preciso? ¿Cómo interpretas esta "cesura"?

YB: Parafraseando a Darwish, diría que el tiempo de allí es el de los perdedores o el de después de la derrota; esto no significa que no haya lucha o que esta se haya abandonado. Una anécdota aclarará quizá lo que quiero decir y presentará esta noción de tiempo de una forma menos abstracta. Durante nuestra estancia, nos recibió una familia a la que habíamos conocido en nuestro viaje anterior. Nos abrieron la puerta de su casa y nos invitaron a comer, y eso que nos encontrábamos en pleno período del ramadán y que ellos observaban el ayuno. Guardo en mi memoria la imagen de aquellos platos maravillosos, colocados en el suelo sobre manteles de papel y rodeados de cojines. Únicamente el padre se unió a nosotros para compartir aquella comida. Los demás se limitaron a vernos comer. Si cuento esto es porque hubo un detalle que me llamó la atención. Un detalle colgado de la pared de la habitación que, en mi opinión, dice muchas cosas. Se trataba de la fotografía enmarcada de un miembro de la familia, el hermano del padre, precisamente. Aquel hombre era Marwan Barghuti, uno de los líderes de Fatah en Cisjordania. En la fotografía, tomada en el momento de su arresto, aparece sonriente y con los brazos esposados y levantados hacia el cielo, en señal de lucha o de victoria. Es muy posible que dicha fotografía estuviera colgada allí debido a su carácter emblemático, pero lo cierto es que representaba a un familiar, un miembro ausente cuyo regreso la familia esperaba. Al mismo tiempo que hacía que el ausente estuviera más presente, expresaba también la espera suscitada por dicha ausencia, la espera del final de un tiempo. Esta temporalidad particular, esta espera, está muy próxima del "canto-grito" del que hablamos la última vez. Si consideramos que la poesía se caracteriza por un "canto-grito" consecuencia de una pérdida, podemos deducir que dicho "canto-grito" es la afirmación de esa pérdida, pero también la afirmación por el rechazo de la injusticia que constituye.

JB: Un verso de Bejan Matur, la admirable poetisa turca, kurda, responde perfectamente a lo que acabas de decir: "Un lugar que llora entra en nuestro sueño y no lo abandona jamás".

EF: El hecho de que Bejan Matur aparezca en nuestra conversación no es, una vez más, fruto del azar. Las tragedias kurda y palestina presentan ciertas similitudes.

JB: Tienes razón. El lugar, sobre todo, es un elemento fundamental en ambas tragedias. Simboliza el peso del pasado y la injusticia del presente... Tu forma de describir la temporalidad de los perdedores me parece muy adecuada. Me gustaría mucho conocer tu opinión sobre la del Norte, la de los vencedores.

YB: Tengo la sensación de que únicamente podemos hablar de ella por comparación u oposición. Allí, el más mínimo gesto de la vida cotidiana, el acto más irrisorio, parece tener sentido. Es algo que, inmediatamente, salta a la vista. Ya se trate de una mujer tendiendo la colada o de un hombre reparando su taxi, todos los hechos y gestos parecen participar de algo común, parecen englobados en una urgencia común, como si esos cuerpos formaran un único cuerpo. Aquí, todo parece más disperso e insensato. Al observar cualquier situación, encontramos sentido o un sentimiento de urgencia —después de todo, no existen treinta y seis maneras de colgar la colada—, sin embargo, dichas situaciones parecen envueltas en una niebla espesa, como la de hoy. Esto da a la temporalidad un aspecto caótico, inestable, casi neurótico. Para mí, la palabra *claridad* no solo significa buen tiempo, sol o mar. Todo lo que rezuma de la vida de las personas aparece asombrosamente claro. Lo sentí sobre todo al visitar la Franja de Gaza (*las autoridades israelíes no autorizaron a John a visitar Gaza*). Pero aquí hablamos de paradojas vertiginosas que dificultan cualquier forma de discurso. Cuando las descubrimos, nos quedamos estupefactos por la tragedia y la injusticia que se producen ante nosotros. Al mismo tiempo, la claridad y la sencillez de la vida que parecen derivarse de ellas nos asombran. Te entran ganas de sumarte a esa claridad, a esa sencillez, de elogiar ese impulso común, del que carecemos tan cruelmente. Ahí está todo el peligro. Nuestra adhesión puede dar a entender que aceptamos las condiciones, o una parte de las condiciones, impuestas al pueblo palestino, que son inaceptables, y a las que tenemos que oponernos de forma absoluta. De este modo, nos encontramos ante una situación inextricable. Al entrar en la Franja de Gaza, podemos decirnos que penetramos en un infierno en la tierra —esta es la imagen que tenemos de ella, imagen que refleja bastante bien la realidad—; o decirnos, al salir de allí y volver de este lado: "No, el infierno está aquí y ahora". Sin embargo, quizás ambos sentimientos sean verdaderos y falsos a la vez. Y quizá la palabra *infierno* no sea la más adecuada... Estamos atrapados en una paradoja abismal en la que dos opuestos no pueden alcanzarse, y en la que únicamente la poesía consigue mantenerlos juntos.

JB: Darwish, sobre todo.

YB: Darwish, pero la poesía en general.

EF: Con la experiencia, Darwish aprendió a desconfiar del poema político y a ensalzar una poesía de lo íntimo, con una apariencia más ordinaria. Podía mostrarse extremadamente severo en relación con algunos de sus poemas, que consideraba demasiado directos o que calificaba de vulgares réplicas. Le gustaba repetir que ser palestino no era una profesión, y que escribir sobre el amor o la existencia contribuía a la resistencia cultural y, por lo tanto, al reforzamiento de la identidad nacional. En esto se sentía muy próximo al poeta griego Yannis Ritsos, cuya forma de expresar lo cotidiano contenía una dimensión mitológica y metafísica. Creo que se puede decir lo mismo de la poesía de Darwish y de su trayectoria.

JB: Totalmente cierto.

YB: Su evolución y su mirada sobre algunos poemas de juventud más directamente políticos testimonian, a mi entender, una voluntad de desprenderse de la figura del "poeta-símbolo" que encarnaba para la opinión pública. Aun siendo perfectamente consciente de la importancia que revestía dicho papel, era una caja demasiado estrecha para permanecer en ella de forma indefinida.

EF: Al final, con el riesgo de no poder ejercer más su oficio de poeta, de acabar prisionero del papel que se deseaba que desempeñara. Dicho papel no era baladí (*Mahmud Darwish fue miembro del comité ejecutivo de la OLP de 1987 a 1993 y escribió algunos de los discursos de Yasser Arafat*), pero Darwish solía dar la impresión de desempeñarlo aun resistiéndose a él. Para él, el único aspecto positivo de los acuerdos de Oslo era que le habían permitido dimitir de la OLP. Lo vivió como una liberación.

YB: Al mismo tiempo, asumió hasta el final esa imagen de "poeta-símbolo", no para la autoridad palestina, sino para el pueblo palestino. Pudimos comprobarlo cuando fuimos a visitar su tumba.

JB: Desearía volver un instante sobre el paralelismo con Ritsos. Es cierto que en muchos aspectos sus poesías son comparables y que Darwish sentía una gran admiración hacia Ritsos. Sin embargo, hay una diferencia esencial entre ellos: podemos decir que Ritsos es, en cierta forma, el poeta de los héroes, del heroísmo, aunque sin intención retórica y sin tratarse necesariamente de héroes victoriosos. Darwish es, en cambio, el poeta de la vulnerabilidad.

EF: Los héroes también pueden mostrarse vulnerables.

JB: Sí, pero no es esto lo que les hace ser heroicos, o exactamente, no es esto lo que pensamos cuando los calificamos de héroes. En cambio, la poesía de Darwish solo habla de esto.

EF: La poesía como "aliada indefectible de la víctima".

JB: Exactamente. Por este motivo se convirtió en el poeta "orgánico" del pueblo palestino. Darwish personificaba a la vez la determinación y la vulnerabilidad. Y esta vulnerabilidad testimoniaba su fidelidad. Todo el mundo podía identificarse con dicha voz, incluso las personas que no se consideraban héroes. Oían que les decía: "Yo tampoco soy un héroe. Soy alguien vulnerable, capaz de sentirme terriblemente confuso". Esto explica en parte su actitud ambigua hacia el poder político. Más allá de su mirada acerada sobre la conducta de Arafat o sobre los fracasos y errores estratégicos de la autoridad palestina, sabía que, a partir del momento en que se convertía en poeta oficial, el espacio para expresar dicha vulnerabilidad se reducía considerablemente.

En el siguiente pasaje, John e Yves relatan su visita a la tumba de Mahmud Darwish. He intentado, en la medida de lo posible, respetar la forma en que se dan la palabra mutuamente y en que se suceden sus recuerdos.

JB: Una de las primeras cosas que hicimos al llegar a Ramala fue visitar su tumba. Todavía estábamos bajo el impacto de su desaparición, sucedida un mes antes... Darwish deseaba ser enterrado en Galilea, la tierra de su nacimiento y de sus antepasados, donde su madre, con 96 años, sigue viviendo. Las autoridades israelíes se negaron, sin sentir necesidad alguna de justificar su decisión, de ofrecer la más mínima explicación, como corresponde a cualquier imposición que se precie. Así pues, Darwish fue inhumado en Al Rabweh, "la colina cubierta de hierba verde". Esta pequeña colina se sitúa en la periferia oeste de Ramala. Es la prolongación de la calle Tokio, llamada así porque en ella se encuentra el Centro Cultural de la Ciudad, construido con fondos japoneses. Aquí Darwish realizó su última lectura pública unas semanas antes. El día de su funeral, un gentío impresionante se reunió en esta colina. Su madre, que había viajado desde Galilea, se dirigió a decenas de miles de personas: "Es el hijo de todos vosotros", les dijo... A menudo Darwish hablaba de su propia muerte en su poesía, sobre todo en su poesía más reciente. Hablaba de ella de una forma totalmente única.

EF: Como en *Mural*, donde pide que cada uno coloque espigas de trigo verde sobre su ataúd en lugar de rosas o lilas, y donde se pregunta qué lengua se habla en el más allá y si el clima es templado...

YB: Y así fue, se colocaron ramos de trigo verde sobre la tierra desnuda y roja de su tumba. Nos sorprendió la transformación que, con la acción del tiempo, habían sufrido los objetos depositados allí durante el funeral, o dejados por los visitantes a modo de homenaje. Las flores se habían marchitado o secado, las fotografías y los trozos de papel se habían estropeado, el color del trigo se había ajado con el sol. Todas aquellas señales de afecto, aquellos signos de homenaje parecían transformados en pequeñas ruinas. Por extraño que pueda parecer, nos sentimos en perfecta intimidad con aquel lugar constituido por pequeñas ruinas. No me atrevo a decir que nos sintiéramos en intimidad con él, pero sí con algo cercano a él, que sin duda se le parecía.

JB: (*Una pausa*) Pasados unos minutos, sentí la necesidad de sentarme sobre la hierba raída de Al Rabweh. Entonces ocurrió algo imprevisto. La muerte de Mahmud se me hizo de repente más ligera, sin duda debido a la intimidad que acabas de mencionar... Esto me hace pensar en otro acontecimiento que vivimos hace unos días. Íbamos de camino a Cluses, a unos kilómetros de aquí. Había nevado mucho y el paisaje estaba completamente blanco. Con frecuencia, los pájaros se desorientan con la caída de las primeras nieves, como si las distancias y las direcciones se modificaran. De repente, un petirrojo se estampó contra el parabrisas del coche. Yves se detuvo y vimos que seguía vivo. Decidimos llevárnoslo, convencidos de que, si se quedaba allí, acabaría por congelarse y morir. Confiábamos en que el calor del coche le ayudaría a recuperarse. Lo cogí, estaba muy caliente. Reanudamos el viaje. Un cuarto de hora después, nos dimos cuenta de que estaba muerto.

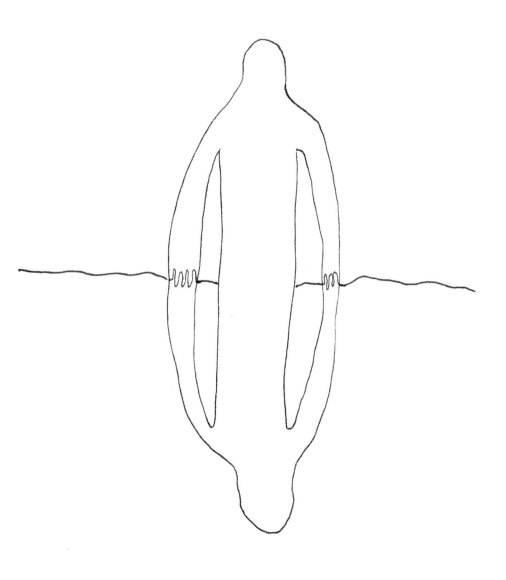

Me sorprendió entonces su peso. Parecía más ligero que en el momento en que lo recogí de la nieve. Ya no pesaba casi nada. Era muy raro: parecía como si hubiera perdido el peso de la energía necesaria para sobrevivir... En Al Rabweh, la muerte de Mahmud resultaba menos pesada porque sabíamos que quedaban sus palabras...

YB: Recordamos algunos pasajes de sus poemas, sobre todo aquellos en los que hablaba de su muerte. Percibíamos una forma de continuidad; de continuidad terrible porque ya no estaba ni volvería a estar entre nosotros. A través de aquellos pasajes, era como si estuviera a nuestro lado, antes de cruzar el umbral de su última morada, de descender al fondo del agujero. Era solo cuestión de un paso: su poesía permanecía inalterable; sin embargo, ese último paso le otorgaba otra dimensión.

JB: (*Una pausa*). Sí, exactamente...

YB: La imagen siguiente que recuerdo es la de dos obreros jóvenes que trabajaban muy cerca de allí y que cavaban agujeros en el suelo bajo un sol de justicia. A los ruidos lejanos de la ciudad contestaba el martilleo regular de los golpes de azada sobre la tierra llena de guijarros. Aquello participaba en la intimidad y la continuidad que sentíamos. Pero te dejo seguir...

JB: Tras abandonar Al Rabweh y la calle Tokio, me di cuenta de que había dejado mi bolso cerca de la tumba. Subí de nuevo y pasé delante de los dos jóvenes que aprovechaban una pausa para escuchar música con sus teléfonos móviles.

Hicieron un gesto con la cabeza señalando mi bolso, y después, con un gesto de pésame, me expresaron que compartían mi tristeza y emoción. Entonces me pregunté qué tipo de monumento se erigiría pronto en aquel lugar. ¿Qué monumento se levantaría a la poesía de aquel hombre y a todo lo que representa? Intentamos imaginar qué apariencia tendría ese monumento cuando terminaran las obras, no sin cierto temor. El monumento en cuestión es una pirámide de cristal que mantiene a los visitantes alejados y aísla físicamente al poeta.

YB: Ese alejamiento es lo contrario de lo que nosotros pudimos sentir, esa intimidad que lo hacía próximo y presente. Ahora nos encontramos ante la frialdad y la distancia de un monumento construido a su gloria. Por desgracia, era bastante previsible y, en cierto sentido, inevitable. Sin duda, podemos lamentarnos y considerar esa campana de cristal como una monstruosidad. Pero también podemos emocionarnos y pensar que testimonia la relación que el pueblo tenía con su poeta y el lugar que era el suyo. También podemos ver en esta pirámide una metáfora de la Palestina ocupada, algo que se refiere a su propio encerramiento, como si este se repitiera de alguna manera.

JB: Actualmente, nos acercamos a él a través de sus poemas... Durante el período que coincidió con su muerte, empecé una nueva traducción de *Mural* y de su último poema, "El jugador de dados", con una amiga palestina. Estos poemas ya existían en inglés, pero no creo que se perjudique a un poeta de su importancia multiplicando las traducciones.

La cuestión no era saber si nuestra traducción era mejor o peor que otra... La experiencia de iniciar una traducción cuando él todavía vivía y de proseguir con ella después de su muerte fue muy curiosa. En sus últimos poemas, la muerte ocupa una parte considerable. Sin embargo, hablan sobre todo de la vida y están llenos de humor; Darwish se divierte con la muerte. Bromea con ella a la vuelta de un diálogo... Su desaparición modificó considerablemente nuestro trabajo sobre la traducción. Sabíamos que no podría aprobarla o desaprobarla. Por lo tanto, debíamos ser de una fidelidad absoluta, por utilizar una de sus palabras favoritas. Ser más fieles que nunca, ya que ahora las palabras lo muestran de una forma más aguda aún.

YB: Pienso de nuevo en el sueño que me dijiste que habías tenido poco después de nuestro regreso. Te hallabas con el torso desnudo en un desierto de gres y alguien te lanzaba puñados de tierra al pecho. No era un gesto agresivo, sino más bien una señal de gran consideración. Antes de alcanzarte, las partículas de tierra se transformaban en jirones de tejido y acababan adornando tu cuerpo. Luego los trozos de tela se transformaban de nuevo y se convertían en palabras, retazos de frases. Una de las interpretaciones posibles de este sueño es la manera en que ha cambiado tu relación con la traducción tras la muerte de Mahmud. Su cuerpo ha vuelto a la tierra que tu inconsciente ha transformado en palabras.

Ahora, ves, aquí es donde vas a vivir —dice.
Aquí. ¿Qué importa,
aquí o allá? —unos bajan, otros suben

la misma escalera—, no se saludan. Una ventana se cierra,
otra ventana se abre. La vista es la misma: valle, colina,
un anciano avanza hacia el crepúsculo, solo con su bastón,
olivos, viñas, el ahorcado, cipreses y el álamo, un campanario,
el río, el perro, el autobús, un cántaro, estatuas, estatuas,
grandes alas de mármol
e incluso, si las tuvieras sobre tus hombros, ¿crees que podrías volar?

Yannis Ritsos[28]

YB: Desearía añadir algo sobre la palabra *víctimas* que hemos utilizado antes. No soy contrario a su uso, siempre y cuando la distingamos de la que se hace a diestro y siniestro, que deja que se interprete que las víctimas son solo víctimas (retirando una cosa para así exagerar otra). Personalmente, prefiero hablar de aquellos que han sido heridos y dejar la palabra *víctimas* para sus opresores.

JB: Tienes razón. La noción de *víctimas* sobreentiende una forma de pasividad que no refleja la realidad.

EF: Tras la llegada al poder de Hamás en Gaza, Darwish pronunció estas terribles frases: "Hemos triunfado. Gaza ha conquistado su independencia de Cisjordania. Desde ahora, dos Estados, dos prisiones que no se saludan. Somos víctimas disfrazadas de verdugos". Observo de paso que parece coincidir con tu punto de vista sobre el uso que se hace de la palabra *víctimas*. ¿Cómo vivisteis esta escisión?

---

[28] Ritsos, Yannis, "Vue générale", en *Le mur dans le miroir*, Gallimard, París, 1973.

JB: Creo que la victoria de Hamás y lo que ello implica es objeto de una gran confusión, aquí y, en cierta medida, allí. Por lo tanto, creo que es necesario hacer algunos comentarios. En primer lugar, hay que recordar que Hamás fue elegido democráticamente; es cierto que por una mayoría escasa, pero en una votación que suscitó una enorme movilización. Los dirigentes israelíes parecen conmocionados y se muestran ofuscados, pero en realidad se frotan las manos. Ellos, que de manera típicamente colonialista siempre han intentado dividir a los palestinos para poder controlarlos mejor, han alcanzado sus fines. Esta escisión, como tú dices, fue muy meditada y organizada: procediendo al arresto metódico de personalidades influyentes de Hamás y al aislamiento de la Franja de Gaza para transformar este territorio de un millón y medio de personas en una prisión gigantesca, los israelíes consiguieron hacer concordar las preocupaciones y las prioridades de los gazatíes con las de los jefes de Hamás. Insisto en ello porque, cada vez más personas, incluso en Palestina, nos venden Hamás como un grupo de fanáticos cuyo objetivo es establecer la ley del Corán y cubrir con un velo a las mujeres de la cabeza a los pies; intentando a la vez que creamos que son los únicos responsables de lo que ocurre.... Ante esta confusión, y frente a esta caricatura, es muy difícil expresarse en esta pequeña habitación de forma clara e inteligible.

YB: Este desgarro que se ha traducido en las urnas marca una nueva etapa en la historia dramática de los palestinos. Por ello, ante la gravedad de la situación, creo que estratégicamente es más importante hablar de lo que les sigue uniendo y les mantiene juntos, sin intentar a cualquier precio inmiscuirse en un debate que es, ante todo, su debate; algo que con demasiada frecuencia solemos olvidar y que los medios de comunicación hace mucho tiempo que han olvidado.

EF: Suscribo tu análisis. Sin embargo, ¿no corremos el riesgo de aislar todavía más a los palestinos y de dar a las autoridades israelíes espacio para construir todos los muros y establecer todos los embargos que deseen, ya que la mayoría de los estados y de los medios de comunicación occidentales legitiman estas acciones en nombre de dicha confusión y de la caricatura que difunden?

YB: Sí, pero es precisamente esta legitimación por parte de las grandes potencias occidentales y sus medios de comunicación la que hay que denunciar. Evidentemente los israelíes utilizan esta confusión como excusa para reforzar el embargo y el cierre sobre Gaza. Incluso la han provocado para utilizarla como excusa. Sigo pensando que cometemos un error al querer entrometernos en un debate que ellos mismos han decidido y sobre el cual reinan como amos absolutos, debido a dicha confusión y a su hegemonía...

Otra cosa insoportable es la amalgama llevada a cabo entre un pueblo y sus dirigentes para legitimar la agresión a este pueblo. Como si los millones de palestinos se redujeran a las denominaciones de Hamás o Fatah...

JB: La islamofobia actual es la vertiente contemporánea del orientalismo del siglo XIX; como tan bien ha analizado el pensador palestino, Edward Said, en su libro *Orientalismo*.[29]

---

[29] Said, Edward, *Orientalismo*, Debate, Madrid, 2002.

Se trata de ideologías racistas, ignorantes y maniqueas, basadas en una relación de dominio, que testimonian una falta de curiosidad y de apertura al mundo. Tomemos las controversias planteadas sobre el uso del velo. En el Norte, el velo se presenta sin cesar como un símbolo de opresión sobre las mujeres y parece resumirse a esto. Por supuesto, hay lugares en los que esta opresión realmente existe. Pero nadie, aquí, parece dispuesto a admitir que el velo pueda expresar también otro punto

de vista, otra actitud hacia la feminidad y la sexualidad. Nadie intenta comprender qué relación propone con la belleza. Fijémonos en esas dos formas de bailes muy sexis: el estriptis en el Norte y el Rags Sharki (la danza del vientre) egipcio; de la que podemos ver una extraordinaria demostración en la última película de Abdellatif Kechiche, *Cuscús*. El aspecto provocador del estriptis reside en su propensión a desvelar, a enviar mensajes al exterior. El Rags Sharki seduce, por el contrario, atrayendo la atención hacia lo que está en el interior, hacia lo secreto y escondido. Los iniciados afirman, por otra parte, que la danza adquiere una dimensión suplementaria cuando la bailarina está encinta, sin duda debido a ese misterio interior...

Creo que deberíamos preguntarnos por qué la fe en el islam genera el movimiento más amplio de protesta por parte del liderazgo del Norte y del neoliberalismo. Es necesario recordar que uno de los preceptos del islam es el categórico rechazo de la glotonería. A diario, podemos constatar hasta qué punto los daños causados por esa glotonería inaudita —esa bulimia del dinero y del beneficio inmediato— son enormes y sin precedentes. Por lo tanto, no hay nada sorprendente en que la religión, alzándose contra

esta tentación, no apruebe el modelo de vida que se proclama en el Norte.

EF: Esto me ofrece la oportunidad de abordar tu último libro, *De A para X*. En él, un hombre cumple una condena de por vida por terrorismo, sin duda por haberse alzado en contra de la glotonería que acabas de mencionar. Las cartas que le escribe Aída, su compañera, trazan su retrato. Esta novela, que hace hincapié en la resistencia cultural tan querida por Darwish, es similar a un largo poema en prosa y parece alimentarse en las fuentes del *ghazal*; esa poesía de amor, fruto de la tradición persa, que significa "conversación con una mujer". Las manos, el tacto, el cuerpo, los olores... ocupan un lugar importante en ella y le confieren una gran sensualidad. Aída encarna magníficamente esta resistencia a lo cotidiano, esta resistencia del "vivir mejor". Pero antes quisiera volver a los dos retratos de Fayum, colocados al inicio y al final del libro. La última vez te pregunté qué hacía nuestros contemporáneos de estos dos retratos pintados hace dos mil años. Dejaste que Yves contestara y planteara la idea del pliegue.

JB: Ayer os dije que la voz de Aída se impuso rápidamente y que esto era una excepción. Algunos meses después de haber comenzado el libro, apareció un elemento detonador. Una mañana, me desperté con la idea de consultar un libro sobre las pinturas de Fayum. Me detuve en estos dos retratos. Desde entonces no me han abandonado y me acompañan a todas partes. Así pues, ¿qué hizo que sirvieran de detonador, de punto de partida? Tiene que ver de nuevo con el tema de la temporalidad. Estos dos retratos, aun teniendo una antigüedad de dos mil años, resultaban totalmente convincentes para servir de modelos a los personajes de Xavier y Aída. Subrayaban la continuidad de las obligaciones, las decisiones de la vida cotidiana tomadas en un determinado contexto. El contexto cambia, pero los gestos y las decisiones permanecen. Cuando nos damos cuenta de ello, escapamos a la "claustrofobia" de la actualidad.

YB: Creo que no es la primera vez que las cosas se desencadenan durante una noche de sueño, o al menos estando tumbado.

John un día me confió "un secreto de fabricación" relacionado con un texto sobre Palestina. Quería mostrar que las cuestiones planteadas por la creación de un Estado palestino tenían que ver con un territorio "irrisoriamente" pequeño y buscaba la mejor manera de expresarlo. Antes de quedarse dormido, creyó recordar que la superficie de dicho territorio era más o menos equivalente a la de la isla de Creta. Al día siguiente, se dio cuenta de que no solo las superficies coincidían, sino que Creta era uno de los países originales de Palestina.

JB: Así es. Y es curioso, pero estas revelaciones casi siempre tienen que ver con libros. Puede tratarse de una cita, una idea, una imagen... Es como una especie de notita deslizada por debajo de la puerta que descubro por la mañana, sin haberlo previsto. Sucedió lo mismo para mi texto sobre *La rabia* de Pasolini. Una mañana, vi claro que ese texto tenía que ir acompañado del detalle de una pintura de Cosimo Tura, y sabía exactamente dónde lo encontraría... Pero retomando la idea de continuidad, se puede decir que se trata en cierta forma de la conciencia de la solidaridad de los muertos con los vivos y de los vivos con los muertos a través del tiempo.

EF: Después de que su petición de matrimonio ha sido denegada, Aída declara a Xavier que el mayor error sería considerar la ausencia como la nada, aunque, añade, "a veces es fácil confundirlas: de ahí algunas de nuestras penas". Las palabras de Aída me hacen pensar en el pasaje de *Las palmeras salvajes* de Faulkner, que Jean Seberg lee a Jean-Paul Belmondo en *Al final de la escapada*: "Porque si la memoria existiera fuera de la carne no sería memoria, porque no sabría de qué se acuerda y así, cuando ella dejó de ser, la mitad de la memoria dejó de ser, y si yo dejara de ser, todo el recuerdo dejará de ser. —Sí, pensó. Entre la pena y la nada, elijo la pena".[30] Por otra parte no puedo dejar de relacionarlo con Palestina, aunque el nexo no sea claro.

YB: Tienes razón. Antes decía que, cuando abandonamos la Franja de Gaza para volver a Israel, tuve la sensación de que las cosas se habían invertido y que era precisamente en ese momento cuando volvíamos al infierno. Como si dejáramos atrás el dolor para ir hacia la nada. Y si hay que elegir, efectivamente...

JB: Decís que esto os hace pensar en Palestina... (*Coge su móvil*) Aquí tengo un SMS de Rema, la amiga palestina con

---

[30] Faulkner, William, *Las palmeras salvajes*, Siruela, Madrid, 2002, pág. 258. El término *grief* de la cita original del libro: "Given a choice between grief and nothing, I'd choose grief" fue traducido por Jorge Luis Borges como "pena" en la única edición castellana de la obra.

la que estoy traduciendo a Darwish: "Nothing is all we can do for everything. It's all we have left" ('Nada es todo lo que podemos hacer por todo. Es todo lo que nos queda'). Es lo mismo, en cierto sentido.

EF: En otro lugar, señalas la diferencia entre la esperanza y la espera indicando que no es cuestión de duración, que la espera viene del cuerpo, y la esperanza, del alma. Esta dimensión corporal, esta espera del cuerpo —en este caso del de Aída— es, en mi opinión, un dato esencial del proceso de creación. Sé que ambos refutáis la noción de inspiración que puede aproximarse a una forma de esperanza. ¿Qué pasa con la espera?

YB: Para mí, esta dimensión corporal está muy presente. Desconozco el origen o las motivaciones, pero, cuando pinto, mi cuerpo está como en un estado de carencia. En cuanto llego al taller, mi cuerpo me da a entender que carece de todo: carece de chocolate, café, sexo, cigarrillos, ebriedad... Antes de meterme en el trabajo propiamente dicho, cuando todavía estoy visualizando las cosas, buscando por dónde entrar, paso irremediablemente por este estado de carencia. Por el contrario, cuando empiezo a trabajar, dicho estado desaparece. Pero antes debo pasar por ese momento delicado en el que el cuerpo está en espera. Ello se manifiesta de forma totalmente física. Por ejemplo, me he dado cuenta de que salivo mucho más.

JB: En la época de los iconos, creo que existía un ritual que obligaba a los artistas a ayunar antes de pintar. No estoy seguro del todo, pero no es importante. Esto corresponde perfectamente con el estado que describes... Además, ya que hablamos de ello, ¡voy a bajar un momento para asegurarme de que Beverly ha quitado el jamón del fuego!

Seguimos hablando de Aída, de sus cartas. John nos señaló que la mayoría de ellas eran fruto de historias que le habían contando: "Por este motivo es importante nombrar y agradecer a las personas que prestan su ayuda en este proceso misterioso, incluso si la lista de agradecimientos suele ser incompleta". Nos detuvimos en una de dichas cartas. En ella, Aída describe a una pareja joven bailando en un café al son de un acordeón. El origen de esta escena es un libro de fotografías de Estambul: "Una de las fotografías mostraba exactamente a esa joven y a ese muchacho con cazadora de cuero. La coloqué debajo de la pintura de la vaca pariendo. Ambas imágenes funcionaban muy bien juntas. Se quedó ahí durante meses y me ofreció el contenido de la escena... Esto responde bastante bien, creo, a lo que es un cuentista. Se le designa como creador, pero es sobre todo un receptor, alguien que utiliza permanentemente los regalos que los demás le ofrecen". Esta definición de cuentista como imán me gustó mucho. Entonces recordamos que al día siguiente era Navidad y nos alegramos pensando en que se abrirían regalos... Dos días después, recorría el camino de vuelta. Las imágenes, todavía vivas, se amontonaban. Pensaba en las pinturas que Yves estaba haciendo, en las últimas fotos de Daniel, en la escena de la comida de Cuscús. Volví a pensar en la dimensión colectiva de la resistencia, imaginando el encuentro entre Patrick y un indio de Chiapas. Ya se dibujaba la perspectiva de una tercera entrevista. Pensaba en investigar la noción de huella (Yves trabaja a partir de huellas de cuerpos) y de volver, siguiendo un movimiento circular, a la de enraizamiento. Recordé la fórmula de Simone Weil hablando del enraizamiento como de la necesidad más importante y desconocida del alma humana... Dejé de lado, por el momento, L'Imprudence de Alain Bashung, para escuchar las noticias. El ejército israelí acababa de lanzar la operación Plomo Fundido sobre Gaza. Cada cuarto de hora, un periodista desgranaba con voz distante el creciente número de muertos. Las palabras de John e Yves adquirieron pronto otro significado. Las de Mahmud Darwish diciendo que "Resistir significa: contar con / el corazón y los testículos, / y con tu mal crónico: / el mal de la esperanza",[31] también. Sumido en la cólera y la vergüenza, apagué la radio y me puse a contemplar la cadena montañosa de los Puys de Auvernia.

---

[31] Darwish, Mahmud, *Estado de sitio*, Ediciones Cátedra, Madrid, 2002, pág. 38.

Página 110: Yves Berger visto por John Berger
Página 111: John Berger visto por Yves Berger